아버지의 훈장

아버지의 훈장

초판 인쇄 2025년 10월 24일
초판 발행 2025년 10월 29일

지은이 이근배
펴낸이 이창섭
펴낸곳 시인생각
등록번호 제2012-000007호(2012.7.6.)
주소 서울 마포구 마포대로33 한화 오벨리스크 102동-1808호
전화 02-712-7761, 010-5219-7761
팩스 031-812-5121
이메일 lkb4000@hanmail.net

ⓒ 이근배, 2025
ISBN 979-11-5582-006-3 03810

* 저자와의 협의에 의하여 인지를 생략합니다.
* 이 책의 저작권은 저자와 시인생각에 있습니다.
* 잘못된 책은 책을 구입하신 서점에서 교환하여 드립니다.

이 결과물은 대한민국예술원의 2025년도 예술창작지원금을 받아 제작된 것임.

아버지의 훈장

이근배 시집

시인생각

머리글

    내가 글쓰기로 이름을 올린 지 예순 해 만에 참으로 놀라운 개벽을 맞게 되었다. 2020년 11월 17일 순국선열의 날에 대한민국 정부는 아버지 이선준 공에게 "대한민국 자주 독립과 국가 건립에 이바지한 공이 크므로" 「건국훈장 애족장」을 내려주었다.

    내 기억으로는 내가 열 살 때 처음 아버지를 뵈었고, 다음 해 삼팔선이 터져 바삐 떠나신 후로 소식이 끊겼는데 저 엄혹한 항일기 초 중반에 서울 형무소에서 3년 형을 겪으신 공적이 이렇게 늦게 발굴되어 외동아들인 내게 매월 큰 상금이 내려오고 있다.

    이 시집 제목 「아버지의 훈장」은 나를 새로 태어나게 한 아버지께 큰절의 뜻으로 고른 것이다. 생각을 크게 다듬고 한글의 첫 글자부터 다시 새겨, 넘치는 축복의 남은 날을 일으켜 세울 일이다.

                                                 이근배

차례

머리글　005

1

013　하얀 여섯 글자
016　나는 날마다 봉화산을 오른다
019　고려청자 거북이도장
022　아버지의 훈장
027　참, 그 꽃 진달래
028　많지, 많지 않다 —사랑할 시간이 많지 않다 / 정현종
030　바다는 새벽을 노래한다 —전혁림 그리고 한려수도
031　환상
033　문득 미라보다리 생각 —기욤 아폴리네르에게
035　삼월리 회화나무
038　조선백자 잉어연적 소고
040　그날 1945년 8월 15일 아버지는
043　센이 흐르는 서울 —장 마리 자끼 씨에게
045　벗아! 어서 나와 해바라기 앞에 서라 —윤곤강
048　동주童舟 생각
050　인류가 우러르는 으뜸의 해의 나라 —광복 80년에 바치는 노래
056　우주 으뜸의 K 한글이여! 인류와 함께 뻗어가는 시의에 대하여!
　　　—서울 세계시 엑스포 2025에 부쳐

059 지구촌 하늘 높이 대한민국이 솟아오른다 —대한민국예술원 창립 70
　　　주년에 올려
062 한 시대를 들어 올린 가난한 사랑노래 온 누리에 펼치소서 —고 신
　　　경림 큰 스승님 영전에

2

069 반구대 암각화 앞에서
071 노자 동상 우러르며
074 몽저夢佇
077 자유론
078 내가 도깨비가 되어
080 백자음각청화 잉어연적
081 필락筆諾
083 사랑한다
084 연필로 그린 집
086 영언永言을 엿듣다
088 난정서蘭亭序를 베껴보다
090 문 없는 집
093 나, 갈라파고스
095 빈 꽃
096 스승의 나라여! 영원한 등불이여! —스승의 날에
099 우러러 높은 사랑 기립니다 —한국시의 어머니 김남조 선생 영전에
102 한 시대의 새벽을 깨운 빛의 붓, 그 생각과 말씀 천상에서 밝히소
　　　서 —고 이어령 선생님 영전에 올립니다

107 흙은 땀을 먹고 열매를 키운다 —제1차 국민 농업포럼에 붙여
111 나라 말씀이 겨레글자로 하늘이 되누나 —『월간서예』 500호를 기리며
115 돌아선 하늘이여 흐르지 않는 강이여 —6·25전쟁 70주년에 부쳐

3

119 북한산
121 백록담은 노래한다
123 사람은 산이 되고 산은 하늘이 되어 —김대건 신부 탄생 200주년에
125 그릴 수 없는 사랑의 빛깔까지도 —이중섭
127 기쁜 잔칫날
129 심청의 이름으로
131 해보다 더 밝은 나라 사랑 계시어라 —순국선열에 올리는 글
135 즐거움을 만들고 기쁨을 팔고 샛별을 띄우다 —연암 구인회
138 어머니의 기도
140 대 고려에 바친다
142 태평가
144 소신공양燒身供養
146 아침의 칙령勅令
150 생활의 강
153 시인은 백년 또 백년 후에 다시 태어난다 —모국어의 광복 70주년 새 아침에
156 더 넓은 시의 보석밭 천상에 지으소서 —고 송운 성창경 선생 영전에
161 더 높은 산을 지으소서 —고 벽강 전숙희 스승 영전에
166 더 높은 산정에서 시의 바람 보내주소서 —고 이탄 김형필형 영전에

170 시신詩神의 지우개도 지울 수 없는 불멸의 명문 천계에 가득 채우소서 —고 능소凌宵 이어령 선생 3주기에 올리는 글월

174 한글 나라 높이 올릴 빛기둥을 세웠어라 —『서울문학광장』 창건에 바침

177 찬란한 역사의 아침이여! 영원한 겨레의 혼불이여! —성웅 충무공 탄신 464주년에 바치는 노래

180 새 역사의 금자탑이여! 미래를 여는 지성의 전당이여! —신성대학교 개교 20주년을 기리며

184 새 당진이 솟아오른다 —『당진 신 청사 개청』에 붙여

188 더 높이 타올라라 구국항쟁의 불길이여 —소난지도 항일 의병에 바치는 노래

4

193 세상의 어머니들은 모두

194 초파일 떡

195 동자승 작은 상이 내게 와서

196 게송 짓는 산 —무산대종사

198 토함산 불국사 석국암 통일대종 명문을 옮겨쓰다

201 조선백자 금강산연적 —무명도공에게

203 인류와 함께 부르는 시조 만세 부르소서 —고 시천 유성규 선생 영전에

206 이 나라 천추千秋의 역사歷史여! 겨레 혼불의 묵향墨香이여! —추사 김정희 선생 동상 과지초당瓜地草堂에 모시는 글

209 빛이여 새천년을 깨우는 종소리여 —이어령 선생 제1회 「광화문 문화예술상」 수상에 부치는 글

213 시여, 우주의 왕이신 나랏말씀이여 —'월간시' 통권 100호를 기리며

216 우리는 책으로 우주를 만든다 —대한출판문화협회 예순돌에 붙여
219 소백산 왕소나무 —금성출판사 운평 김낙준 회장
223 별이 열리는 나무 —이병하 이사장 태촌학원 설립 20주년을 기리며
228 하늘 높이 날자 채운벌의 학들이여! —당진 정보 고등학교 개교 60주년에 붙여
231 더 높이 솟아라, 배움의 전당이여 —당진중학교 개교 60주년에 붙여
233 영원하라! 온 누리에 빛나는 우리의 배움터여! —송산초등학교 개교 90주년에 바치는 노래

해설
근원적 사랑의 기억을 담은 모국어의 고고학 이근배의 시세계(유성호) 236

1

하얀 여섯 글자

나의 스승 김동리 선생은 서예가셨다
청나라 하소기체를 쓴다고 하셨다
중국 서예는 당의 구양순, 안진경이 두 큰 갈래인데
청대까지 내려온 걸 보면 여간 글씨 공부가 깊으신 것이 아니었다.
"지선"이라는 이름까지 새로 지어서 내게 써주신 휘호는
내 불찰로 챙기지 못해서
그 값으로 도연명의 "귀거래사" 전문을 쓴
대작을 비롯, 여러 점을 눈에 띄는 대로 들여놓았다
그래서 나는 멀리서도 선생의 글씨를 보면 대번 알아보게 되었
 는데
그런 붓으로 쓴 큰 검은 글자는 다 말고
내 머릿속에는 칠판에 백묵으로 쓴 하얀 여섯 글자만이 또렷이
 박혀있다
1958년 3월 아마 초닷새였던가.
서라벌예술대학 미아리캠퍼스에서 "문예 장학생" 실기 시험시간
 이었다
전국에서 내로라하는 자칭 문학 천재들이
저마다 천하장사가 되겠다고 몰려들었는데,

김동리 선생(나로서는 소설가를 난생처음 보는)이 들어오시더니
백묵을 집어 칠판에
―아버지의 얼굴
써 놓으시고는
"이건 산문 제목이고 시는 자유제다" 하시고는 나가셨다
저 항일기, 아버지는 스물두 살 나이로(내가 태어나기 일곱 해 전)
서대문 형무소에 갇히기 시작했다
온양에 어머니와 살림을 차린 아버지는
광복이 될 때까지 감옥을 드나들었던 까닭에
나는 어려서부터 당진 할아버지 댁에 떨어져 살았다
내가 열 살 때 할아버지 댁에 들어온 아버지의 얼굴을
처음(기억으로는) 보게 되었는데
한 해 뒤 전쟁이 터져 집을 떠난 후 소식이 끊긴 채였다
그 누구보다도 일등 글감인 여섯 글자 산문을 못 쓰고
시를 써냈는데 시험지를 돌려받지 못했으니
무얼 썼는지도 아지 못한다
그러나 나는 잊을 수가 없다
지금 내게 백묵을 쥐여주고 쓰라면

거의 닮게 흉내 낼 것 같은 하얀 여섯 글자
―아버지의 얼굴
나는 차마 지울 수가 없다
아니 지워지지 않고 있다
예순세 해 만에 눈물 섞어 겨우 몇 자 적어내니
김동리 선생님!
너무 늦은 이 서툰 답안지
"을류" 말고 "갑류" 뽑아주시면 안 되나요?

나는 날마다 봉화산을 오른다

먼 삼국 서역 뱃길이 열리어
문화며 물류가 오가던 항구도시 당진의
서해를 끼고 있는 산골 마을
송산면 삼월리 209번지에서
나는 태어나고 자랐다
나는 나이가 들어 떠났어도
본적만은 눌러앉아 지키고 사는,
우리 집 사랑채는 동향이었지만
안채는 북쪽을 바라고 있어
마루에 서면 지붕 너머로
봉화산이 바로 이마에 다가왔다
어린 날 나는 봉화산에 올라
끝없는 바다를 가슴에 담으며
꿈의 돛단배를 띄웠고
목청을 뽑아 사자울음을 흉내 내기도 했다
나라를 다시 찾은 다음 해
나는 첫 한글동이로 송산국민학교에 입학
우리말 우리글로 공부를 했고

당진중학교 당진상업고등학교 여섯 해
왕복 오십 리 길을 꼬박 걸어서 다녔다
어머니가 지어주는 새벽밥을 먹고 집을 나설 때는
언제나 봉화산이 등 뒤에서 나를 떠밀어주었고
허기진 배로 학교에서 돌아올 때는
봉화산이 반갑게 맞아주었다
봄, 여름, 가을, 겨울
꽃피고 새 울고, 단풍들고, 눈 내리는
그 산이 내게는 백두산보다 더 높았고
금강산보다 더 아름다웠다
아무리 내가 멀리 떠나있어도
봉화산은 늘 나를 따라다니며
슬프고 기쁜 일 다 가려주고
어둡고 가파른 길 밝혀주는
어머니가 된다.
나는 철없는 아이처럼 날마다
봉화산을 무동 타고 말춤도 추지만
산은 이제 그만 떠돌이별이 되지 말고

어서 고향으로 돌아가자고
가서 꽃도 따고 밤도 줍고 게도 잡고
논두렁길 밭두렁길 풀이슬 털며
아침 해 저녁 달 노래하며 살자고
봉화산은 오늘도 나를 태우고 달린다.

고려청자 거북이도장

시 한 편을 얻기 위해
시 백 편 값도 더 주고
고려청자거북이도장을 샀다

한정판 시집 인지 찍기에 딱 좋은
엄지손가락 한 마디쯤 크기에
옥새의 등에나 올라앉는
잘생긴 거북이를 업고
나 임금의 손자로세
―公孫*子印(공손자인)
전서 네 글자 음각이 또렷한
왕가의 청자 도장을 처음 만났다

책 읽기며 글씨, 그림도 뛰어났겠고
훗날 나라님에도 올랐을
감히 나 같은 백면서생은

―――――――
*   公孫 : 왕손

그림자도 밟지 못할
지엄한 전하의 기상을 뿜는
한 채의 높은 궁궐

오랜 세월 두고 사랑땜을 다 못해
무덤까지 데리고 갔다가
어느 호리꾼 손에 걸려
천년 잠을 깨고 세상에 나와
섬길 주인을 찾아 떠돌다가
현해탄을 건너갔다 돌아와서
내 빈 주머니 구멍을 내는지?

그럼 이제 내가 공손자公孫子가 돼본다?
공초는 쓸모 있는 사람 되라 사천으로 부르고
동리는 착한 일 하라고 지선을 써주고
무산은 글공부 더하라고 학림鶴林을 내렸는데
고려가 내게 이름 하나를 더 보태니
이 도장 찍으면 책이라도 몇 권 더 팔리려나

아니지, 벼루 연적 그런 것만 말고
글자도 잘 익히고 글도 제대로 써보라고
즈믄 해 걷고 또 걷다가
눈멀어 내게로 온 게지
그다음 다시 천년, 또 천년 뒤에는
해 같고 달 같은 사람 만나서
어여쁨 듬뿍 누리겠네만.

아버지의 훈장

나 태어난 지 여든 해 되어
아버지 이선준에게 주는 훈장을 받았다.
―대한민국의 자주독립과 국가건립에
이바지한 공로가 크므로
『건국훈장 애족장』을 외아들인 내게 주었다
세상에! 이런 날이 찾아오다니
하늘, 땅, 바다……, 나라 안의 나라 밖의
우주의 우주보다 더 큰 것들의
비는 손들이 나를 내 온몸을 껴안는다.
이제 나는 내가 아니다
헛나이만 배 속에 채우면서
어둠 속에서 제대로 한 발짝도 못 떼었는데
손위 아래 누이도 있는데
연금이 나오는 풀빛「독립유공자 유족증」을
외아들인 내가 받았다
나라 잃은 저 1911년 아버지는
유학자 각현 공의 맏아들로 와서
어린 날 사서삼경을 다 읽어

신동으로 불렸다 했다
열여섯에 거유 최익현의 문하생인
장후재 학사의 친심親審으로
글공부며 사람됨에 낙점되어
셋째딸 순의와 혼인한다.
또한 그 문하에서 더욱 글을 익혔으니
항일기 조선 유림의 총수였던 거상에게서
나라 찾기의 뜨거운 혼을 가슴에 키운다.
아버지가 한약방을 하는 아산의 사숙에서
한글, 영어, 일어 등을 배우고
조선, 동아, 중앙 등 일간지와
개벽, 창조, 폐허 등을 읽으며
동아 브나르도 운동에 적극 동참하여
스무 살에 독립운동의 첫발을 내딛는다
한명식 등 동지들을 모아
농촌운동과 나라 찾기와
민족정신 기르기에 뛰어들다
스물두 살에 붙잡히어 서대문형무소에서

1년 형을 살게 된다.
출옥 이후에는 더욱 깊이 파고들어
정평적색농민조합을 재건하여
국내뿐 아니라 만주 봉천에까지
동지들을 모으는 봉서를 돌리며
왜제를 공격하고 독립사상을 고취하는
실질적이고도 치밀한 운동을 펼치다가
스물네 살 2월에 이선준, 한명식, 송창식이
체포되어
1935년 9월 17일 이선준 징역 2년
한명식 1년 송창식 8개월 형을 받고
서대문형무소에 수감된다
두 차례 3년간의 징역살이와
말할 수 없는 악랄한 고문 등으로
아버지는 몸을 가눌 수 없이 병약해져서도
살기 위해 포목상 등을 하면서도
파르티잔으로 잠행 목숨을 걸다가
눈부신 너무도 벅찬 용솟음의 새날

새 생명의 광복을 품에 안는다
어머니는 할아버지가 보내주는 먹거리로
네 남매를 눈물로 키웠으며
외아들 근배는 어려서부터 할아버지 댁에서
똥오줌을 가렸다.
할아버지 할머니는 큰아들의 독립운동에
재산도 크게 빼앗기고
있는 속 없는 속 없이 끄슬렸고
단 한 번도 새끼들 앞에서
지아비 얘기를 꺼내지 않은
어머니의 한 생애는 헤일 수 없는
숯덩이가 되었었는데
이리 아주 늦게 큰 훈장을 받고
독립운동가로 높이 나라에서 받드는 것
새까맣게 모르시고 그 세월을
태우고 또 태우며 살으셨는지요
독립지사의 후손이 된 아들딸 손자들에게
다시 그들의 딸 아들들에게

아버지의 훈장은 해보다 더 밝은 해이고
하늘보다 더 높은 하늘이 되겠지요
용서하세요. 용서하세요. 용서하세요
저는 이제 제가 아니고
한 생애 나라에 살과 뼈 영혼의
영혼까지 다 쏟아부어 수훈하신
훈장을 우러러 눈물 쏟고 있는
작디작은 청맹과니입니다.

참, 그 꽃 진달래

내게 처음 꽃 이름을 일러준
참, 그 꽃 진달래
먼 천년 넘어 서해 뱃길 트였던
당진 두메산골 북향집 대문 앞에
쪼그리고 앉아 바라보던 봉화산
온통 진분홍 물감으로 덮어쓰던
내 첫봄, 첫 꽃, 첫 계집애이던 것
몰래 숨겨둔 말, 붉은 꽃잎
가슴 안쪽에 무늬로 박힌
참, 참, 참 그 꽃 지금도 내 눈에 아리지
온 나라 벌거숭이 산일 때 지천으로 피던
해맑은 슬픔 뚝뚝 흘리던
그 봄
그 꽃

많지, 많지 않다
— 사랑할 시간이 많지 않다 / 정현종

칠성에서 낸 외동아들
명이 짧겠다는 만신의 말에
어머니는 쌀을 퍼다 주셨다
그 공양미 덕분인가
어느덧 여든 고개에 이르니
남은 시간이 많지, 많지 않다

동리는 붓을 놓으시기 바로 전
—여행을 떠나기에도 사랑을 하기에도
책을 읽기에도 시간이 아깝다—고
시 〈세월〉을 내게 주셨는데
아까워서 다 쓰지 못한 시간
지금은 펑펑 쓰고 계실까

없는 돈에 사들인 책들
종이 상자에 넣어 쌓아 놓고
발품 팔아 모은 벼룻돌들
먹 때도 씻지 못했는데

내가 내게 하마던 것들
아지 못하게 저질러 놓은
허물이며 치러야 할 몸값들은
또 어떻게 벗고 갚는다지

많지, 많지 않다
꽃 보고 달 보고
강가나 숲길 어슬렁거리며
말도 되지 않는 말
글자로 적어내는 일도
이제 나를 떠났는데
— 어디 사랑할 시간을?
어림도 없다

바다는 새벽을 노래한다
―― 전혁림 그리고 한려수도

우주가 눈을 뜬다
떠돌던 행성들이 일제히 몰려와
빛의 항구에 닻을 내린다
바다가 새벽을 낳고
새벽이 바다를 산란한다
오래 잠들었던 내 나라의 역사가
비, 바람, 안개, 어둠을 걷어내고
눈부신 출범의 깃발을 올린다
유치환의 소리 없는 아우성이
김상옥의 아사녀의 노래가
윤이상의 심청이
쾅쾅 한려수도에 울려 퍼진다
노 화백의 붓은 오케스트라의 지휘봉
산과 바다, 섬과 섬, 집과 집
선박과 선박들이 칸타타를 연주한다
태어나지 않은 우주를 향한
우리들의 행진을 위하여
오늘도 바다는 새벽을 노래한다

환상

―거 환상이 무지무지하니라
스물다섯 살 때였다
미당 선생을 찾아뵙고
제가 장티푸스라는 염병에 걸려서
죽었다가 살아났습니다, 여쭀더니
선생께서 일러주신 말씀이었다
참으로 그랬었다
섭씨 40도를 오르내리는 고열에 부대끼며
눈을 감아도 떠도 세상에는 태어나지 않는
갖가지 형상의 파충류들이
마치 콩나물 대가리처럼 무더기로
솟아올랐다가 사라지면
또 다른 놈들이 연거푸 공중 쇼를 벌이는 것이었다
내가 미켈란젤로쯤 되었다면
지금도 눈에 보이는 그놈들을
모두 대리석이나 구리로 깎아낼 것들이었다
나는 어릴 때 고향 친구인
재집이의 간병과 치료에도

견디지 못하고 끝내 숨이 끊어져
병원으로 실려 갔다가 겨우 살아났다
신촌 세든 문간방에 찾아왔던
문학소녀 정희가 누이와 함께
이불을 이고 문병을 했던 고마움도 안 잊고 있다
그렇게 나는 예수도 아니고
선업을 쌓아 극락왕생할 꺼리도 못 되는데
환생을 겪고서도 제구실을 못 하고 있다
아마도 당신도 앓으셨기에 아셨을
무지무지한 환상을 버리지 않고
모두 시에 담아내셨는데
나는 왜 이리도 헛되기만 하는지

문득 미라보다리 생각
── 기욤 아폴리네르에게

창밖으로 마포대교 내려다보이는
한강변 H 오피스텔 20층 쪽방에서
코로나19에 갇힌 틈을 타서 반생토록 끌어모은
벼루들을 바깥바람 좀 쐬어 주겠다고
먹 때를 벗기느라
이 봄 꽃피고 꽃 지는 줄도 몰랐다
벼루며 책들 들쑤시는데
웬 기욤 아폴리네르 시집?
고서 경매장에서 쏠려 들어왔던가
피카소가 짝지어준 마리 로랑생에게
바닥 모르고 빠져들었었는데
모나리자 그림 도둑으로 몰려서
사랑 날벼락 맞고 센 강 물결에 띄웠다는
시 〈미라보다리〉가 생각킨다
그때도 코로나가 있었던가
스페인독감에 걸려 서른여덟 살에
세상을 떠나고 세 해 뒤에야
잡지 「파리의 밤」에 실렸다던가

그대는 〈미라보다리〉 근처에 살았다 하고
나는 마포대교 가까이 둥지를 틀었는데
한강 물을 굽어보면서도
뒤에 남길 시 한 줄도 못 쓰고

삼월리 회화나무

어린 날 봉화산 바로 아래 우리 동네 삼월리 회화나무는
하늘을 차고 오르는 아주 커다란 용의 몸부림으로 보였었다
송산국민학교 삼학년 때 한 반 용덕이와
몇 아름인가 가는 팔로 둥치를 안아 보았었다
홰나무 집, 예산 댁, 용재공 댁 바로 큰집은
서로 다른 이름으로 불리기도 했었는데
예산 댁 할아버지 오산鰲山 이정의 선생은
전주 이씨 효령대군 십칠 대 손이신데
학식도 높으시고 바둑은 호서지방의 국수로 우뚝하셨다
신작로에서 뵙고 허리 굽혀 인사 올리면
너, 근배지! 머리를 어루만지시며 알아보아 주셨다
나이가 들어서야 이 회화나무가 나라 안에서는
천연기념물 삼백십칠 호로
가장 으뜸으로 우러르는 것을 알게 되었다
조선조 선조 때 좌의정에 오른
덕수 이씨 용재容齋 이행 선생이
능안의 선대 산소를 지키며 살기 위해
여기에 천오백십칠 년 집을 짓고

학자수學者樹인 회화나무를 심으신 것이다
이 나무가 오백 년을 훌쩍 넘도록 우리 고장의 안녕과
글공부하는 후학들을 보듬어 길러오신 뜻을
받들어 깊이 새길 일이다
스무 살이 넘어서야 우범이와 나는
오산 선생 댁에 와서 바둑을 배우고
사람 사는 가르침도 받고는 했었는데
어느 날은 선생이 펴주시는 한 이불을 덮고 잠도 잤었다
서울로 어머니, 누이와 이삿짐을 싣고 떠나왔는데
마악 차가 떠난 후 오산 선생께서 오셔서 못 봤다고
발을 구르셨다는 얘기를 듣고 참으로 부끄러웠다
신촌의 허름한 집 문간방에 세 들어 있었는데
여든 가까우신 선생께서 어떻게 아셨는지
손에 주소를 들고 나를 찾아오신 것이었다
하룻밤 뫼시고 이튿날 한국기원으로 가서
김수영 사범과 대국을 주선해 드렸었다
아흔둘에 돌아가셨다는 소식도 모르고 지났는데
손자 강화가 서울로 찾아와서

선생의 비문을 청하는 부탁을 받고 너무 황송하여
글도 글씨도 안 되면서 베풀어주신 은혜에
감사하는 마음으로 몸을 바쳐 썼었다
두고 생각해 보면 오산 선생께서 회화나무의 음덕을
내게 나누어주신 것을 깊이 깨닫게 되었다
봉화산과 더불어 우리 고장을 넘어
나라의 융성과 복락을 넉넉히 기리어주는
삼월리 회화나무가 천년만년 토록 번성하기를
마음 다 바쳐 엎드려 빌고 있다

조선백자 잉어연적 소고

바람이 검불구름을 걷어간 빈 하늘에
흰 물고기 한 마리 떠있다
흙을 씻고 씻어 고운체에 거르고 다져
냅다 강물을 박차고 튀어올라
용으로 몸 바꾸려 파닥이는
살진 잉어를 빚는 조선의 사내
그 손놀림 필시 하늘손을 빌렸을 거라

율곡 태몽이 신사임당 용꿈이었다던가
뱃속에 샘물 가득 담고
아가리 벙긋거리며
과거 공부하는 서생의 안상에서
절구 따라 읊조리던
백자잉어연적, 저 눈빛 좀 봐!

첫날밤도 치루지 못한
희디흰 피 쏟아 붓고
목화솜 자아올리는 어머니의

물레 소리도 길어오고
눈을 인 청솔가지도 꺾어다
잉걸불에 구워 두 손 바쳐 올린
차라리 눈부신 설화

천둥 치며 소낙비 내리더니
헛것을 본 듯, 둥실
한 점 구름으로 하늘에 떠간다
세상을 다 홀린 물고기 한 마리

그날 1945년 8월 15일 아버지는

나는 다시 태어났다.
호적 나이로 여든 살이 되던 이천 이십년 시월 십칠일
순국선열의 날 아버지 이 선준 공이
건국훈장 애족장을 받으면서
내게는 태극기 은박 물린 독립유공자 유족증이 내려왔다.
할아버지, 할머니, 어머니, 누이들… 이런 날이 올 줄을
내 아버지가 나라의 독립과
건국을 위해서 높은 공을 세웠다고
훈장을 내주고 달마다 상을 내리는
멍에 씌워져 힘겹던 날들을 지나
세상에 이렇게 좋은 날이 올 줄은
꿈 아닌 꿈을 어떻게 꾸었겠나

동네방네 아니 온 세상 사람들을
다 알아들으라고 떠들고 자랑하고 싶다.
시를 씁네하고, 또 벼루를 찾아다니는
헛 세상을 살아 온 내게
너무 고맙게도 나라가 알아서 이렇게 높이 띄워주니

지금까지 살아 온 것은 모두 헛 공사요
이제 다섯 살 박가 된 나도 사람이라고
우세를 떨면서도 무언가 할 일이 있는가 싶은데
글도 제대로 쓰고 책도 읽고 해야겠는데..

오래 전부터 한가지 꼭 새기고 싶은 것은
천신만고 스무살부터 나라 찾기에
살과 뼈와 온몸을 다 바치신 아버지가 그날
왜제 천황이 항복을 하고
나라가 독립되었다고 하늘과 땅에
벽력이 떨어지던 날
아버지는 어디서 그 소식을 듣고 어떤 몸짓을 하셨을까
무어라 소리를 내고 온몸을 다 파헤치는
웃음을 울음을 터뜨렸을까?

일곱 살 내가 그날 할아버지 댁에서 본 것은
길에서 만난 마을 어른들이
말은 못하고 두 손만 번쩍 들곤 했었는데

아내와 자식들도 모른 채 서울 형무소에서 세 해
그뿐인가 몸이 다 망가지도록
필설로는 다 할 수 없는 핍박과 고통을 무수히 겪어야 했던
파르티잔에게 벼락처럼 찾아 온 해방의 날은
나로서는 어림잡을 수도 다 몸으로 느낄 수도 없다
그날의 아버지에게 하늘은 땅은
뜨고 지는 해는 사람들은
다시 무엇이었을까
덜컹 가슴이 뜨거워지는 이 적막함
—아버지 그 한 말씀 꼭 듣고 싶어요

센이 흐르는 서울

── 장 마리 자끼* 씨에게

꽃 만발입니다
서울은 지금 삼각산, 관악산, 북악산에서부터
개나리, 산수유, 진달래, 벚꽃, 목련……,
짙은 꿀 냄새 풍기며 벌 나비를 불러 모으고 있습니다.
서른세 해 전 처음 파리에 가서
아폴리네르의 시 "미라보다리"를 입속으로 뇌이며
배를 타고 그 사랑의 센 강을 건넜었지요.
그리고 오늘 당신의 그림 속에서
그때 내 가슴을 도라지꽃으로 물들였던
파리의 하늘, 센의 물빛,
보들레르, 발레리, 까뮈, 사르트르, 로댕, 피카소 같은
그리운 이름들을 새롭게 떠올립니다.
강물이 넘쳐흐릅니다.
당신의 그림은 사랑이 꽃피는 예술의 도시
파리의 낮과 밤, 눈빛 맑은 영혼들을
센의 물빛으로 길어오고 있습니다.

---

* 　　장 마리까끼: 프랑스의 현역 화가

"이곳에 살기 위하여"
파리와 서울이, 센과 한강이 하나 되는
시와 노래와 그림 잔치가
꿈길의 황홀 속으로 펼쳐집니다.

벗아! 어서 나와 해바라기 앞에 서라
― 윤곤강

고등학교 국어 교과서에
실린 윤곤강의 시
해바라기는
일흔 해가 다 되도록
내 입가에서 무심코 나온다

젊은 날 고향 당진
읍내 「상록수」 다방
내가 시화전을 열었는데
유지 어른들이 윤곤강 시인
얘기를 들려주셨다

당진 읍사무소에서
잠깐 근무하셨는데
시를 자주 읊조리셨단다.
본적은 이웃 고을 서산
당진에도 선산과 고택이 있어서
지금도 컴퓨터를 켜면

당진 시인으로 먼저 나온다

스물일곱 해 전, 당진군에서 왜목마을에
내 시비를 세우면서
윤곤강 시인 시비도
시곡리에 세웠는데
나는 너무 영광스러웠다

한국 시 문학사에
윤곤강 시인은 아주
큰 시인인데
나는 고서 경매전에서
그분의 시집, 저서가 나오면
꼭 사곤 했는데
「시와 진실」은 몇 권을 산 것 같고
다른 시집도 겹쳐 샀었다.

서른 아홉 젊은 나이에

작고하시어
오랫동안 세상 빛을
못내셨는데
몇 해 전부터 박만진, 박주택 시인 등이 나서서
전집을 펴내고
올 가을에는 시 낭송대회도 크게 열었다.
나도 말석에 참석했는데
그 빛과 영광이
온몸으로 나를 감싸주었다.

오래 사셨더라면
이 나라 현대 시가
더 높이 치솟아 올랐을 터인데
하는 생각이 자꾸 겹쳤다.
이제 문학상이 제정되면
윤곤강의 시는 더 널리
펼쳐질 것이다.

동주童舟* 생각

나보다는 스물두 해 전 태어났으니
형님보다는 아버지 뻘
아니 시의 큰 스승이지
어려서는 이름도 몰랐다가
뒤늦게 철이 났는지
꼭 스물아홉 해 전 팔월 열사흘
처음 백두산 가는 길 뚫고 가다
용정 묘소를 찾아 큰절을 드렸었지
지난해는 탄신 100주년이라고
기일忌日에 도쥬사 대학을 찾아갔고
겨울에는 후꾸오까 형무소도 둘러보았지
그런데 내 어린 날 앞개울에
종이배 접어 띄웠었는데
소년 동주도 꿈을 접어
해란강 기슭 어디 띄웠었던가
검은 파도 높이 치는

---

*   윤동주가 어릴 때 지은 이름

현해탄을 건너기 전에
후배 정병욱에 넘겨준
육필 시집 "하늘과 바람과 별과 시"에
동주童舟로 이름을 적은 것은
내 나라의 강과 바다 다 돌아보고
헤어보던 별 찾아 은하수도 갔었겠지
이제는 종이배는 아니지
만선滿船의 기폭 펄럭이며
돌아와 닻을 내린
모국어의 산이 되었지

인류가 우러르는 으뜸의 해의 나라
—— 광복 80년에 바치는 노래

솟아오르고 있다.
해보다 더 높이 하늘보다 더 높이
한 말씀 한 글자 한 핏줄 한 겨레
아침의 나라에 새 빛의 광복 80년 맞아
온 인류가 우러르는 으뜸의 대한민국이
빼어난 슬기와 넘치는 활력으로 솟아오르고 있다.

줄기찬 역사 일으키어 오순도순 글 읽고
곡식 거두며 서로 살 부비며 살던
하늘이 내려준 이 복락의 땅에
때 없이 드리 밀던 왜제의 덫에 걸려
서른여섯 해 핍박과 강탈과 가렴주구에
넋도 살도 다 빼앗아 갔다.
거유 최익현 등이 의병을 일으켜 싸웠으며
영웅 이회영 등이 만주 벌판에서 독립군대 운동을 일으켜 세워
나라 찾기에 온몸을 바쳤다.
명장 안중근은 하얼빈에 나가
내 조국을 훔친 이토 히로부미의 가슴에

육혈포 총탄을 쏘아 천벌을 내렸었고
의사 윤봉길은 상하이 홍구공원에서
왜군 시라카와 대장 등을 폭탄으로 압살하여
온 세상에 태극 깃발을 활짝 펼쳤었다.

어찌 잠자는 돌도 깨우지 않으리오
더구나 아주 오랜 날부터
어버이와 형제끼리 하나 되어 지켜온
하늘이고 땅이고 나라이고 삶의 터전인데
참 못된 도적에게 금쪽같은 행복을
뺏겨 사는 우리 겨레들
한 덩어리로 들고 일어나 천지가 떠나가는
독립 만세를 불렀어라

기미년 3월 초 하루날 정오
2천만 동포들의 타오르는 마음을 빌어
손병희, 한용운 등 민족 대표 33인이
「독립 선언서」를 반포한다

이미 팔도강산 숨 쉬는
흙과 물에서도 바다 밖에서도
불붙어 터져 오르던 독립 만세의 폭발은
목숨을 넘어 하늘에 닿고 있었다.

열여섯 꽃보다 더 꽃다운 유관순 누나를 비롯해
헤아릴 수 없는 나라 사랑의 혼불들이
적의 모진 총칼에 쓰러지고
이 천지개벽의 독립 불길로
1919년 4월 11일 「대한민국 임시정부」가
상하이에 세워져
온 세계에 가장 크고 밝은 이름의 나라
우뚝 지켜 서 있음을 알린다.

만세의 스승 이동령, 이승만, 안창호
이시영, 김규식, 김구 등이
반만년 내 조국을 들어 올렸으니
이로써 광복의 날까지

한 몸을 백 천으로 나뉘어 바친 살과 뼈
혼불은 살아서 오늘토록
장엄하게 지상을 밝히고 있다.

1945년 8월 15일 하늘도 땅도 사람도
모두가 새로 태어나는
차마 혀로도 온 글자로도 다 쓸 수 없는
광복의 새날을 맞이한다.
그러나 분단으로 건국이 되고 이어서
동족상잔의 한국전쟁이 일어나니
유엔국 22개국이 참전, 지원하며
민족사에 다시없는 참혹무비의 전투가
산천을 피로 물들이고
포탄과 탱크로 폐허를 이룬다.

이제 하나가 되겠구나
국군은 백두산까지 진격
형제와 강토가 마침내 뭉치는 날을 기약했으나

백만 중공군의 반격으로 일진일퇴
낮도 밤도 없는 시산혈하 목숨과 목숨이
산과 물이 천길 어둠 속에서 쓰러지고 일어서다가
1953년 7월 27일
3년 서른 두 날만에 휴전을 하게 된다.

하늘이여
이 작은 땅덩이에서
인명 살상이 520만이라니 무슨 말씀으로 가릴 수 있겠으며
어떤 기도 어떤 뉘우침으로
용서를 바랄 수 있겠는가
이 몸서리쳐지는 나라와 겨레의 아픔을 씻고
오직 북진통일로 반듯하게 일어서겠다는
이승만 대통령의 북진통일의 몸부림은 끝내 이루지 못하고
부정선거를 지탄하는 4.19혁명으로
하와이로 망명하고
민주당 정부가 들어섰으나
한해도 못되어 5.16 군사 쿠테타로 들어선

박정희 정권이 시월유신으로 다시
부하의 총격으로 막을 내린다.

그로부터 열한번 째 대통령을 새로 맞고 있는
오늘 우리나라는
경제, 문화, 군사의 강국으로 앞장 서 가고 있으며
인류는 한글의 경이로운 입맞춤에
7천만 외국인이 함께 자리잡고
노벨 문학상, BTS, 오스카상, 반도체, 자동차, 선박 등으로
바다 밖 젊은이들이 환호성을 지르고 있다.

광복 80년이여
새 대한민국은 이제 한글의 세계, 한국의 세계
한국인의 세계가 활짝 열려 있다.
모두 함께 손잡고 더덩실 더덩실 날아오르자
하나 되는 나라
인류와 더불어 어깨 걸고 떠받쳐주는
영원한 영광의 큰 나라로 나가리라

우주 으뜸의 K 한글이여!
인류와 함께 뻗어가는 시의에 대하여!

── 서울 세계시 엑스포 2025에 부쳐

헤돋는 빛의 나라에 새 날이 떠오른다
동에서 서로 남에서 북으로 지구촌 한마음이
눈부신 축복의 영광의 가슴을 맞대고
온 인류가 손잡고 「시의 빛으로 시의 미래로」
활짝 날개를 펴고 하늘 높이 날아 오른다
「서울 세계시 엑스포 2025」가 오늘 80억 한가족
갈등과 대립과 이념과 종족을 넘어서
시로부터 더 밝고 웅장한 빛으로 받아들이며
평화로운 미래가 찬란히 열리고 있다.

참되고 오랜 역사, 시로 농사짓고, 시로 길쌈하고
시로 나라 살림하던 시의 겨레가 일궈온
저 신라 향가 삼대목, 고려 정선 아라리를 넘어
경천동지의 세종 임금을 만나 오백 팔십년 전
하늘에도 없고 땅에도 없는 우주 으뜸의
훈민정음 한글을 창조하였으니
사람이 생각으로 삼라만상을 경영하고
솟구쳐 오르는 사랑과 아픔, 기쁨과 슬픔을

아름다움과 역겨움도 시의 너른 바다에 녹여 올렸어라

올 해는 광복 80년을 맞는 해이며 시월은 상달
한글의 달이다
더없이 맑고 높푸른 가을 하는 아래
오곡백과 달디달게 익어 어깨춤을 추고 있다
때를 맞춰 서로 다른 언어, 종족, 이념이 하나로 뭉쳐
열 세 나라 크고 큰 세계의 시인들 마흔 분이 모여들어
둥게둥게 지축이 울고 산천초목이 흥이 났구나

김소월 「진달래 꽃」 한용운 「님의 침묵」 정지용 시집…
이미 한국은 나라 밖의 새 지평을 열고
K 팝, K 뮤지컬을 넘어 한글 시를 짓고
한국어로 노래하는 BTS가 나라 밖을 휘감았으며
한강은 노벨 문학상을 받고, 오스카상 등을 석권하고
보아라, 시의 만법은 평화의 꽃다발이 되고
더불어 오순도순 잘사는 미래가 오고 있구나
시인 만세! 한글 만세!

하늘과 땅이 함께 부르는 합창 소리가
울려 퍼지는 도다.

지구촌 하늘 높이 대한민국이 솟아오른다
―― 대한민국예술원 창립 70주년에 올려

해 돋는 동방의 빛의 나라 이 영광의 땅에
하늘이 내려준 눈부신 재능을 온몸에 받아
타오르는 예술혼으로 우뚝 일어선 한겨레였다

오랜 반만년역사 억세게 일으켜 세우며
글 짓고 그림 그리며 그릇 굽고 노래하며 춤추고
신명 나는 광대놀이에 온 백성 하나 되어
슬기롭고 아름답고 행복한 삶을 누려왔었다

우러러보라, 저 고구려의 광개토왕비며 담징이며
백제의 무령왕릉이며 서동이며
신라의 석굴암이며 원효며 솔거며 김생이며
고려청자며 김부식이며 이규보며
조선백자며 세종이며 안견이며 이황이며
신사임당이며 이이며 허균이며 김홍도며 김정희며
은하수처럼 넘쳐나는 크고 위대한 문인, 화백, 가객들이
세상을 바꾸어놓는 헤아릴 수 없는
독보적 창조문화의 영원한 보배들을 어찌 다 이르겠는가

마침내 대한민국이 새 나라를 활짝 열었으나
국토 나뉘고 형제도 갈려 동족상쟁이 일어나
한 치 앞도 모르는 절체절명의 위기일 때
천구백오십이 년 팔월 초이렛날
국회는 부산에 피난 와서 문화보호법을 공표한다.
보아라, 이 나라는 참혹한 전쟁의 포화 속에서도
—'위대한 국가의 초석은 위대한 예술의 창조에 있다'라고
인류 앞에 헌법으로 선포하고 있지 않은가?

이로써 천구백오십사년 칠월 십칠일
대한민국예술원이 스물다섯 명 대표 예술인들로 창립하니
오늘 문학, 미술, 음악, 연극, 영화, 무용 여섯 분과에서
종신회원 일백 인의 예술인들이
일흔 해토록 나라 안팎으로 이름 넬쳐왔어라

높고 넓고 깊은 이 땅의 역사며
겨레의 혼불이며 사랑이며
산과 산 물과 물 흙과 흙의 거룩한 삶의 뿌리며

하늘도 눈을 감는 귀신도 웃기고 울리는
빼어나고 용솟음치고 훨훨 날아오르는
온 우주에 바치는 예술 창작에 신명을 바쳤어라

일어서라
이제 세계는 한글의 위대함에 머리 굽히고
예술 한국의 솟아오르는 혼불에
마음을 태우고 있나니
온 인류와 함께 온 겨레와 함께
이 자랑스러운 대한민국예술원의 깃발을
높이 들고 먼 미래로 떨쳐나가리라.

한 시대를 들어 올린 가난한 사랑노래
온 누리에 펼치소서

—— 고 신경림 큰 스승님 영전에

이 나라의 들녘에서는 모내기가 한창 바쁘고
어버이를 모시고 스승을 따르고 어린이와 함께 하는
서로 따사로이 마음을 다독이는 오월입니다
이 푸른 계절에 저희 가슴속에서는
― 날라리를 불거나 어깨를 흔들거나
저 엄혹했던 60년대 우리네 농촌 설움을 달래주던
시퍼렇게 날이 서서 겨레의 마음을 흔들던
시 〈농무〉를 썼던 큰 붓을 내려놓으시고
어찌 이리도 황급히 떠나시는 것입니까
신경림 선생님
아주 먼 옛날부터 우리 겨레 시를 사랑해왔고
시대의 굽이굽이 큰 시인들이 나오셨습니다만
높은 벼슬도 없고 아무것도 가진 것 없이
허약한 몸 하나로 오직 시를 칼과 총으로 심아
사나운 권력의 심장에 불을 지르고
가난하고 설움 받은 민중들의 여린 마음을
낱낱이 보듬어 일깨우는데 한 생애를 바치신 분은
오직 선생님 한 분으로 저희는 우러르고 있습니다

더 일찍부터 하늘이 내려준 천재적 재능으로
책 읽기와 글쓰기를 익혀왔지만
열세 살 때 윤동주 시인도 구하지 못했다는
백석의 1백 부 한정판 시집 「사슴」을 읽으며
이미 소년 시인이 되어 빛을 띄웠습니다
고등학생 때는 일어판 도스토옙스키 전집을 떼고
대학 2학년 때 「문학예술」에 〈낮달〉 〈갈대〉 등이 추천되어
한국 시단의 큰 별로 떠올랐습니다
―저를 흔드는 것이 제 조용한 울음인 것을 까맣게 몰랐다
참으로 많은 명시를 쓰셨지만 스무 살 때 쓰신
등단작 〈갈대〉 하나만 해도
두고 끝없이 사람들의 마음을 흔들고 있습니다
그리운 신경림 선생님
제가 선생님을 가깝게 모신 것은 출판사 편집부에서의 다섯 해
    였습니다
늘 〈백석〉의 시를 말씀하셨고
저의 첫 시집 「노래여 노래여」의 해설도 써주셔서
모자라는 시가 빛 가림을 하기도 했습니다

첫 시집 「농무」가 제1회 만해문학상을 수상하고
「창비 시선」 첫 권으로 상재되면서
자유 실천 문인협회 대표 간사를 맡아
군사독재와 맞서 싸우는 지도자로서의 활동이 시작되었습니다
김대중 내란 음모 사건에도 수감 되고
저 불치의 80년대를 꼿꼿하게 맞서 싸웠습니다
「새재」 「남한강」 「가난한 사랑노래」 외에 많은 시집과
편저, 에세이, 논문 등을 어찌 헤아리겠으며
단재문학상, 대산문학상, 시카다상, 만해대상, 한국문학작가상
호암상 등 눈부신 수상들을 이루 다 적을 수 있겠습니까?
만년 소년의 얼굴에 따뜻한 미소로
세상을 사랑으로 감싸 안았으며
동국대 석좌교수로 문단의 큰 어른으로
시 쓰는 법 사람 사는 법을 가르지셨으며
젊은 문인들에게는 닿지 못하는 우상이셨습니다
항상 멀리서 가까이서 저를 챙겨주시고
대한민국예술원에서 손을 잡아 이끌어 주셨으며
차마 우러르기도 어려운 큰 스승님이면서

언제나 형님처럼 등을 쓸어 주시던

신경림 선생님

부디 오래 사시라고 두 해전에도 작은 상을 챙겨드렸는데

웃으면서 가까운 친구들과 한잔하자고 하실 줄 알았는데

어찌하여 이렇게 떠나시는 것입니까

깊은 은혜 보답도 못 하여 이리 애통하옵니다.

그립습니다. 보고 싶습니다

그 손길 한 번 더 잡고 싶습니다

못 다 쓰신 시. 저 드높은 삼천대천세계에 적으시고

이 땅의 한 시대를 작은 몸으로 들어 올리신

〈가난한 사랑노래〉 온 누리에 널리 널리 펼치소서

　　　　　　　　　　　　　　이천이십사 년 오월 스무 나흗날

　　　　　　　　　　　　　　후학 이근배 곡만哭輓

2

반구대 암각화 앞에서

비로소 알겠다
이 땅의 백성들 몸속에
우주 만물을 흔들어 깨우는
견딜 수 없는 신명의 DNA가
어디서 왔는지
까마득히 먼 날
우리네 할아버지 할머니
처음 세상에 오실 때부터
분명코 몸은 사람인데
손은 하늘이었던 것,
그래서 석굴암 대불도 깎고
고려청자 조선백자도 구워낸 것도
하늘 손을 빌렸던 것,
아무렴 천년만년 배불리 먹고 살찌울
이 높디높은 잔칫상 좀 보아
온갖 산짐승, 들짐승, 물짐승들
모두 불러 놓고 춤사위도 흥겹지 아니한가
그냥 바위 벼랑에 새긴

사람의 그림들이 아니지
비바람 눈 서리도 비껴가는
신들의 제단이지.

노자 동상 우러르며

노산은 중국 동해안의 명산이다
서른 다섯 해 전 서울 올림픽을 치른 다음 해
나는 광복절날 백두산 정상을 근참하고 싶다는 생각에
평소 아는 여행사 사장에게
부탁을 했었다.

사람을 모아 보라는 말을 듣고
동학 김주영과 후배 이은방, 김원일, 김종철 등과 제자들을 불러
    들여
서울에서 홍콩으로 거기서 상해로
상해에서 칭다오를 거쳐
백두산 길을 따라갔었다.

그때 노산 얘기는 들었어도
가지 못하고 골동품점에서
조선 초기 압록강 변 위원의
바다 깊은 곳에서 발굴한
위원 화초석 벼루 한 점을 샀었다.

참 오랫만에 한국시인협회의
세미나 행사를 따라
찾아온 칭다오는
논밭이 있었던 곳에
높디높은 빌딩들이 들어서고
인구 천만의 도시가 되어
상전벽해였다

공식행사를 마치는 셋째 날
산이 바다를 낳고 바다가 산을 때리는
해변 길을 달려
도교 본산인 노산 태청궁에
천년 묵어 누워 있는 느티나무와
빛바랜 자락들을 비집고 올랐다.

아득하여라
높이가 38미터가 되는
거대한 노자 동상이

산을 가로막고 서 있는 게 아닌가
내가 중국 땅을 몇 십 번 밟았지만
공자 상도 이백 상도
이렇게 까마득히 올려다보이는
위풍당당한 동상은 처음 보는 것이다

그렇구나
노상은 도교의 본산이고 공자에 앞서 태어났다.
저 도가도 불가도 道可道不可道
도덕경을 아흔 다섯 살에 써서
인류에게 삶의 지혜를 깨쳐준
크고 높은 스승 노자가 계셨구나
머리를 굽혀 절을 올리며
서른 다섯해 만에 두 번째 칭다오
큰 스승 앞에서
나는 자꾸 작아지고 있었다.

몽저 夢佇*

잠들면 찾아드는 꿈을
어찌 다 이룰 수 있으랴
허나 열반하신 지 다섯 해
오시는 무산霧山 큰 스님은
대설악 신흥사에서 다비식 올렸는데
저 삼천대천세계에서
법문을 내리고 계시겠는데
무슨 이승에서 보시하실 이 남으셨기에
흰 두루마기에 초연한 모습 뵈오니
꿈속에서도 나는 참 아득하고 아득하다
글자로만 읽던 극락왕생이 이것인가
나 혼자 몽저가 이리 깊은 것인가
늦게 말씀드리지도 못하고
마음속에 담고 머리를 내젓는다
구미 금오산에 오르는 케이블카를 타면
해운사라는 작은 절이 나온다

---

*   간절히 기다림

정휴, 오현 두 분은 승려 시인으로
60년대 후반부터 아주 가까웠는데
몇 해 뒤 내 가 해운사에 갔을 때는
보리 섞인 밥에 김치 반찬을 대접받았었는데
신흥사 주지에 오르시어
첫 시집을 상재하시겠다고
내게 해설까지 부탁하시니
〈심우도〉를 일중 선생 휘호에
겁도 없이 만들어 드렸었다
입적하신 뒤 정휴 스님께서
그 〈심우도〉는 문학사에 깊이 올릴 일이다
나를 깨우쳐 주셨다
저 불국사 석굴암 비문을 내게 맡겨주시고
「한국 대표명시선 100」을 비롯하여
겨레 시 시조를 살리는 큰일을 다 맡기셨다
한 십 년 더 사셨으면
나라 밖의 큰 상도 받으시고
이 땅의 불교와 문학에

새 옷을 지으셨을 터인데
부처님 오신 날 내 손에
복채 쥐여주시고는 바로 떠나시니
이 적막, 이 통열 무엇으로도
가려질 수 있으랴
꿈에 오시어 나 아직 여기 있다 하시니
빈손이라도 한번 잡아봤으면

자유론

―자유가 나를 구속하는구나

가파른 한 시대의 번뇌를
훌훌 벗고 무위이화無爲而化를
이루신 공초空超* 선생의 임종게臨終偈다

그렇구나
비움空 조차 넘어선超 그곳에서는
자유가 더 무거운 멍에였구나

---

*   오상순의 호

내가 도깨비가 되어

광복 다음 해 나는
송산국민학교에 들어갔었다
삼일절 조회 시간이면
고을에서는 이름난 유학자인
우리 할아버지가 검은 두루마기를 입고 오시어
운동장 단에 올라
기미독립만세 때 얘기를 들려주셨다
다른 말씀은 생각나지 않는데
—한강에서 도깨비가 만세를 부르고……
하시며 두 팔을 번쩍!
들어 올리시던 모습이 눈에 선하다
도깨비라는 말은 숱하게 들었어도
나는 한 번도 본 적이 없는데
우리 이천만 동포들
얼마나 독립에 목숨을 걸었으면
도깨비까지 만세를 불렀을까?
그 말씀이 믿기지 않았던지
우리 반 동무들은 속으로 킥킥거렸고

―도깨비가 만세를 부르고……
할아버지 목소리를 흉내 내며
나를 놀려대기도 했었다
내가 태어나기 겨우 스무 해 전 일인데
나는 저 이순신 장군이
거북선으로 왜적을 물리치던 임란 때만큼이나
아주 먼 이야기로 들렸었다
그해가 올해로 백년을 맞았다
독립운동가 아버지가
내 호적을 3월 1일로 올렸으니
삼일절 내 생일날 아침 일찍
한강에 나가서 내가 도깨비가 되어
독립만세!를 불렀다
할아버지 아버지께도 가 닿도록
목구멍에서 피가 나도록.

백자음각청화 잉어연적

먼 길을 달려왔어라
처음 구름이었다가 비였다가
바람이었다가 흙이었다가
한 마리 물고기로 빚어져
무쇠도 녹이는 불가마 속에서
나는 백옥의 몸으로 다시 태어났어라
너른 바다의 물너울을 헤치고
강물을 박차고 솟구쳐올라
나 이제 하늘로 날아오르는
거친 숨결을 몰아쉬고 있네
용의 우렁찬 울음을 터뜨리고 있네
내 입으로 받아낸 하늘이 주신 물
몸 안에 가득 채웠으니
온 나라의 큰서비들
장생문 일월연에
먹을 갈고 갈아
장원급제의 꿈을 이루리니
이 나의 비상도 함께하리라
나 하늘로 오르리라

필락筆諾*

먹을 간다
입춘대길立春大吉
봄맞이
붓을 든다
벼루는
남포오석藍浦烏石
십장생의
놀이터라
한지에
먹빛 번지니
문밖 나무
필락, 필락

먹을 간다
건양대경 건양대경
봄빛 가득

---
* 붓을 들어 씀

차오른다
연적은
고려청자
꽃잎 문
오리여라
붓 닿자
산에 산에 들에 들에
꽃망울들
필락, 필락

사랑한다

길가에 흐드러지게 피는
개망초와 쑥부쟁이처럼
참 지천이던 말
"사랑한다"
2014년 4월 16일 자 조간신문을 읽다가
그만 울컥!
바다에 가라앉는 세월호에 갇힌 아들이
"엄마 내가 말을 못할까 봐
미리 보내 놓는다" 뒤에 붙인 네 글자
이럴 때 한 번 이렇게 쓰는 말이구나
일찍이 어느 대문장도 가보지 못한
목숨의 막다른 길목에서 찍어낸 한 마디
아무 때나 아무렇게나 써서는 안 되는 그 말
"사랑한다"
끝내 돌아오지 않는 아들딸들에게는
꼭 들려주고 싶은

연필로 그린 집*

연필로 집을 그린다
흰 머리 여든일곱 북녘 아들
아흔일곱 남녘 의붓어머니 앞에서
예 살던 초가집 한 채
새로 짓는다.

소학교 미술 시간이면
선생님 예쁨받던 그림 솜씨로
예순다섯 해 전 떠나와
눈으로 생각으로 시시때때 그리던 집
기둥이며 마루며 지붕이며
날아갈 듯 반듯하게 짓는다.

어리는 물기에 눈이 흐려
돋보기만 애꿎게 닦으며
주름지고 굽은 손이어도

---

* 금강산 이산가족 상봉 때(2015. 10. 21) 이한식(87)씨가 의붓어머니 권오희(97)씨 앞에서 옛집을 그렸다.

―다음 세상에 오래 함께 살아야지
하늘에 둥실 꿈 집 한 채 떠오른다.

영언永言을 엿듣다

고묵을 수집하시는 대구 박 선생이
우리네 시가 연구가들이
눈에 불을 켜고 찾아도
좀처럼 만나지지 않는
「永言」이라 책 표지에 쓴
「청구영언」 필사본 건乾 곤坤
한 질을 들고 나를 찾아 오셨다

— 달라는 사람이 많은데
이 책 임자는 이 선생일 것 같아서 — 란다
그지없이 고마운 말씀이지만
시를 씁네, 흉내만 냈을 뿐
육당, 가람, 일석 같은 큰 스승들이
일찍이 찾아내어 읽고 가르치던
영조 때 김천택이 지었다는
판본은 아예 없는
희귀본을 내 어찌 넘보겠으며
읽을 줄이나 알았겠으랴

고서를 잘 보는 인사동 김 선생은
18세기쯤으로 나이를 먹이고
가집歌集 연구가 깊은 신 교수는
그동안 나와 있는 책들과 함께
새겨 볼 것이 많다고 했다
'영언'은 시에다 곡조를 붙여
길게 노래 한다는 뜻이라지만
글자 풀이로 하면 오랜永 말씀言이 아닌가

몇 천 년 앞에서부터 이어내려 왔고
뒤에 몇 만 년 불려질
한지에 붓으로 먹을 찍어 쓴
케케묵은 시간의 때를 입고 있는
낡은 시집 두 권을 펴들고
내 나라의 말씀을 엿 듣는다
알아들을 귀도 없으면서

난정서蘭亭序를 베껴보다

추석 이틀 앞둔 날
골동상 김씨가
쾌설당 법서快雪堂法書를 들고 왔다

명말 청초 때 글과 벼슬이 높던
풍전이라는 사람
위진에서 원까지
이름난 글씨만 뽑아다가
명공 유우약劉雨若을 시켜 돌에 새긴
소문으로만 듣던 탁본첩이다

냉큼 받아서 안상에 펴놓고
저 서성이라 일컫는
왕희지의 「난정서」를 흰 글지 씩 써본다
천 칠백 년 전 때 사람
비단 종이에 쥐 수염 붓으로 썼다던가
산도 물도 빼어난 산음 땅
난정에 벗들과 시 짓기를 하면서

머리글을 지어낸 것이
그만 글씨 예술의 살아있는 전설이 된 것이다

오죽했으면 당 태종 이세민이
암행어사를 시켜 진본을 빼앗아서
제 무덤까지 끌고 갔을까
그들 나라는 말할 것도 없고
우리네 선비들은 어려서부터
난정서 써보느라 말린 먹물은 얼마던가

내 나이 일흔을 뺀 일곱 살
지금부터 베껴 쓰다 보면
다시 일흔 해 쯤 뒤에는
혹시 한 글자라도 닮은 것이
써질 날이 있을까.

문 없는 집*

한겨울만 그렇게 나고 싶어요.

오도 가도 못하게 눈이 길을 막는
설악 깊은 골짜기 박혀 있는
문 없는 집에 숨어들어
열흘쯤 빠지는 백날 동안만
나 아닌 나를 속속들이 파 보고 싶어요.

눈을 감고 귀를 닫고
산문 밖의 기별일랑 모두 끊은 채
티끌 세상을 지나오면서
여든 해 가까이 어느 한순간도
제 모습은 팽개치고
티끌보만 채어 왔는지도 알고 싶어요.

선인장처럼 온몸에 돋은 가시들

---
* 무문관無門館

왜 하필 나라 없는 때 태어났는지
겨우 찾은 나라 두 토막이 나고
삼팔선이 터지는 난리 통에
나는 애비 없는 자식이 되고
다른 아이들처럼 둥게 둥게
사랑 햇볕도 쬐지 못하고 ……,
견디지 못하게 아픈 생각의 가시들
하나씩 뽑아내고 싶어요.

참회라는 말
용서라는 말로는 다 할 수 없는
차마 입에 올릴 수도 없는
잘못의 잘못, 거짓의 거짓, 에잇 에잇
갯지렁이만도 못한, 천벌도 아까운
가시들의 호된 꾸중을 듣고 싶어요.

눈이 내 허물까지 덮었으면 좋겠어요.
생각의 생각들을 곱씹고 곱씹다가

그대로 긴 잠에 들고 싶어요.
할아버지, 할머니, 아버지, 어머니 ……,
내가 사랑했던 계집애며 머슴애들 ……,
안되겠지요, 그렇지만
꿈속에서라도 용서를 빌고 싶어요.
나 아닌 나에게도 꼭 한마디는.

한겨울만 그렇게 허락받고 싶어요.

나, 갈라파고스*

내가 살아온 날
날들
내가 눈뜨지 못했던 것
것들
뭍에서 멀리 떨어진
너무 깊이 숨어있는 섬,
섬 아닌 섬

나, 갈라파고스?

충남 당진시 송산면 삼월리 209번지**
내포 바닷가 두메산골
한 마리 눈 먼 이구아나처럼
갇혀서 사는
진화는커녕 부화도 못하는
헛된 꿈의 껍질 뒤집어쓰고

---

*   갈라파고스 섬-고립의 뜻으로 쓰임
** 여든 해 묶여있는 나의 본적지

이 나이토록 헤매고 있는

나, 갈라파고스!

빈 꽃

막 장인匠人의 손에서 매어진
양모 붓처럼 봉오리를 뽑아 올리던
집 앞 목련이
하룻밤 사이
날개를 활짝 편 학들을
머리 가득히 이고 서 있다
저 눈부신 천상의 흰 옷자락
어머니는 텃밭에 목화를 피워
무명을 짜서 나무에 걸었었다
몇 날은 족히 봄을 채우리라 했는데
뒤돌아볼 겨를도 없이
서둘러 꽃들을 모두 내려놓고
연초록으로 몸을 바꾸고 있다
―내가 헛것을 보았나?
번뇌로 일어나는 헛된 생각을
공화空華라 일컫는다는데
내가 그 빈 꽃을 보았구나
아예 잡아본 일도 없었던 것을
내 것 인양 눈에 넣고 사는.

스승의 나라여! 영원한 등불이여!

—— 스승의 날에

하늘 높아라
산도 물도 더 푸르러라
오늘은 은혜와 축복에 감사를 드리는
스승의 날
나랏말씀과 겨레글자를 지고
태어난 우리
먼 옛날 할아버지 할머니 쩍부터
스승의 가르침과 어버이의 사랑은
둘이 아니고 하나라고 배워왔어라
눈부시게 뻗어가는 과학문명의 시대
우주보다 더 넓은 학문을 익혀주시고
참된 사람의 길을 열어주시며
세계 으뜸가는 나라 만드는 일꾼 되라고
예뻐하고 다독이며 이끌어주신
선생님, 선생님 우리 선생님께
우리 모두 앞에 나가 큰 절 올리자
카네이션보다 장미꽃보다 더 고운
아니 해보다 달보다 더 빛나는

마음의 꽃다발을 가슴에 안겨드리자
우리나라는 스승의 나라
하늘의 별보다 더 많은 스승들이 계시어
장엄한 역사를 이루어왔고
찬란한 문화를 꽃피웠어라
스승 중의 스승은 세종임금이셨지요
IT시대 세계가 부러워하는
배우고 쓰고 읽기 쉬운
인류가 쓰는 문자 가운데 가장 과학적이고
이상적인 한글을 만드시었으니
이 겨레 잘사는 나라의 힘이 되었어라.
내 고장 당진은
저 삼국시대 서역 뱃길을 열어
문물이 오가고 문화가 융성했지요.
신라 때는 의상대사가 이곳에서
배를 타고 당나라로 건너가고
송익필, 박지원, 김대건, 심훈……,
대석학과 성인과 위대한 작가들이

이 고을이 낳은 큰 스승들이지요.
스승의 날이 어찌 오늘 하루뿐이겠어요.
365일 모두 스승의 날이지요.
스승의 은혜에 보답하는 길은
저희들이 열심히 공부해서
큰 사람이 되는 것이겠지요.
꿈을 키우고 새 학문을 갈고 닦아서
자랑스러운 이름을 빛내는 것이
스승님께 바치는 선물 아니겠어요.
감사합니다, 선생님
사랑합니다, 선생님
선생님의 가르침이
우리들의 영원한 등불입니다.

우러러 높은 사랑 기립니다
── 한국시의 어머니 김남조 선생 영전에

내 나라의 가장 높고 푸른 하늘의 시월입니다
오늘 인류의 머리 위에 눈부시게 빛나는
한글날을 새운 초열흘 날
김남조 선생님은 아흔일곱 해 잡고 계시던
붓을 내려놓고 먼 길을 떠나셨습니다
저 맑은 하늘빛도 잠시 흐리고
꽃보다 더 붉게 타던 온 산의 나무들도
선생님 가시는 길 따르며 흐느끼고 있습니다
한글시의 어머니이신 김남조 선생님
몸속에 바다와 같은 시 쓰기의 재능을 담고
이 땅에 바쁜 걸음으로 오시어
백수白壽에 두 해 모자라는 한 시대를
거룩한 나라 말씀 사랑으로 닦아오셨습니다
일흔 해 전인 1953년 1월에
한국전쟁의 날벼락이 산을 허물고 강을 덮으며
하늘 같은 목숨이 무참히 쓰러져갈 때
선생님은 해방공간에 나온 시인 가운데
첫 시집으로 「목숨」을 펴내시었습니다

─돌멩이처럼 어느 산야에 굴러
그래도 죽지 않는 그러한 목숨 갖고 싶었습니다
스물여섯 편 가운데 표제작인 이 작품은
이 겨레의 찢기고 아린 영혼을 덥혀주는
따뜻하고 다디단 젖줄이었습니다
줄이어 「나아드의 향유」 「정념의 기」 「풍림의 음악」
쏟아져 내리는 시의 폭포 앞에서
시의 나라 사람들은 팔을 늘여 기다려 읽고
50여 권의 시집들은 탑을 쌓고 산을 이루었습니다
그리운 사랑의 어머니 김남조 선생님
제가 태어나서 처음 시인들을 뵈온 것은
1958년 3월 서울시청 옆 건물에서
한국자유문학자협회가 연 시낭송회장이었습니다
행사가 끝나고 헤어지는 시간
서양 영화에두 보지 못한 절세의 미인 앞에
한 남자가 땅에 무릎을 꿇고 미인의 손등에
입맞춤하는 장면이 있었습니다
눈부시게 아름다운 여인은 김남조 선생님이었고
남자는 고원 시인이었습니다

아하, 서울의 시인 사회에서는 더러 있는 일인가 했는데
그것은 처음이었고 마지막이었습니다
선생님은 문단뿐 아니라 지식인 사회에서
참으로 큰 사랑을 받으셨고 베푸셨습니다
글도 사람됨도 못 미치는 저를 등단 직후부터
반세기 넘도록 손을 잡아 이끌어주셨습니다
한국시인협회 회장도 대한민국예술원 회원도
앞에서 이끌어주셨고 큰 도움으로
제게 주신 은혜 헤아릴 길 없습니다
이 나라를 시의 나라로 높이 올려세우시고
한 말씀 한 말씀 넘치는 감동이었으며
내 몸보다 더 아끼신 한국시인협회
한글시로 인류의 떠받듦이 될 것입니다
잡았던 손 놓고 떠나시니 이 나라 사람들이며
모든 시인 적막강산이옵니다
다 못 펴고 가신 하해 같은 사랑과 시
천국에서 햇빛 찬란하게 펼치소서

이천이십삼 년 시월 초열흘
후학 이근배 곡만哭輓

한 시대의 새벽을 깨운 빛의 붓,
그 생각과 말씀 천상에서 밝히소서

— 고 이어령 선생님 영전에 올립니다

이 땅의 흰옷의 백성들
독립 만세 산천을 흔들던 삼월입니다
남녘에서는 동백이며 매화 다투어
꽃소식이 올라오는 이 나라의 봄입니다
이어령 선생님
백천 번은 아니라도 새 생명이 신명으로 일어서는
열 번쯤의 봄이라도 더 기다리시라 했는데
어찌 이리 황망하게 떠나시는 것입니까
머리와 가슴 손끝에까지
산처럼 쌓이고 바다처럼 넘치는
생각과 말씀 그 첫 줄도 다 못 적으시고
어찌 붓을 놓으시는 것입니까
선생님은 처음 이 땅에 오실 때부터
훈민정음의 나라, 금속활자의 나라
팔만대장경의 나라, 고려청자, 조선백자 나라의
정신문화 예술창조에 뜻을 입히고
생각을 깎고 다듬어서 인류 역사 위에
드높이 올려세우라는 소명을 받고 오셨습니다

돌잡이로 책을 잡고
여섯 살에 몽당연필로 동화를 써
이미 "천재"의 이름을 얻으셨다지요
어린 날부터 읽은 세계 문학을 바탕으로
대학에서는 난해하다는 이상의 시를 쉽게 풀어내시고
달팽이껍데기 같은 한국문학의 낡은 권위에 도전
스물세 살에 쓴 "우상의 파괴"는
케케묵은 천장을 깨트리는 폭발음이었습니다
그로부터 번뜩이는 감성, 꿈틀거리는 레토릭은
시와 소설과 평론과 에세이에서
모국어의 새 패러다임을 세우는 혁명이었고
개벽이었고 문체반정文體反正이었습니다
『흙 속에 저 바람 속에』
『하나의 나뭇잎이 흔들릴 때』……
저 60년대 비로소 문학책이 베스트셀러를
기록하게 되었었지요
강단에서의 명강의와 신지식에 목마른 이들에게
명연설은 이 땅의 젊은이들에게

새로운 우상으로 떠올랐습니다
분단의 나라에서 냉전의 벽을 깨뜨리는
서울올림픽의 한 마당을 가로지르는
굴렁쇠 소년이 바로 선생님의 모습이었고
새천년의 아침에 북소리로 띄운 해는
이 나라 5천 년 역사의 눈부신 새 아침이었습니다
선생님은 이 땅의 한 시대의 어둠을 새벽으로 이끈
선각이시며 실천가이셨습니다
붓의 시대에서 오늘의 AI에 이르기까지
선생님의 혜안은 먼 미래를 앞서 내다보셨고
새 이론의 창출은 어김없이 실용화되었습니다
어찌 이루 선생의 사봉필해詞峰筆海를 헤아리겠으며
한우충동汗牛充棟의 저술의 한 줄이라도 읽겠습니까
선생님은 대한민국 초대 문화부 장관으로
한예종을 비롯한 문화 대역사를 이루셨으며
20세기 한국의 뉴 르네상스를 떠받친
메디치로 영원히 새겨질 것입니다
이어령 선생님!

선생님은 문단에 첫걸음 떼는 철부지 저를
손잡아 주시고 거두어주셨습니다
『이어령 전작 집』을 제게 맡겨 장정 편집, 출판에서
올해 50주년 맞는 「문학사상」 창간을 돕는 일에서
창조학교 멘토로, 예술원 회원으로, 회장으로
오늘의 제가 있도록 키워 주셨습니다
지난해는 편찮으신 몸으로
저의 "해와 달이 부르는 벼루의
용비어천가" 전시에 오시어
참으로 뜨거운 덕담도 해 주셨지요
예순 해토록 선생님이 제게 주신
그 가르침의 은혜를 어찌 잊겠습니까
선생님이 계시어 너무 행복했습니다
자랑스러웠습니다, 감사합니다. 라는 말로는
안 되는 넘치는 사랑을 받았습니다
제가 선생님을 마지막 뵈온 것은
임종하시기 이틀 전이었지요
손을 잡은 저에게 겨우 "이근배 병풍" 하시며

선생님의 병상 바로 앞에 펼쳐놓은
글씨도 안되는 제가 쓴 가리개를 가리키셨지요
저는 북받치는 울음을 겨우 참고
문밖에 나오고서야 터뜨렸습니다
한국을 넘어 세계의 지성이요
시대를 넘어 만대의 스승이신
이어령 선생님!
선생님의 아호가 밤을 넘어선다 뜻의
능소凌宵라 하였지요
계유생 닭띠여서 스스로 "새벽보다 먼저 오는
빛의 목소리"를 닭 그림 위에 쓰셨지요
부디 이제 하늘나라에 오르시어
이 땅의 한 시대의 정신문화를 일깨운
우주를 휘두르는 빛의 붓, 뇌성벽력의 그 생각과 말씀
천상에서 더 밝게 영원토록 펼치옵소서

2022년 3월 2일
삼가 후학 이근배 울며 올립니다

흙은 땀을 먹고 열매를 키운다
—— 제1차 국민 농업포럼에 붙여

더 높아가는 하늘이어라
더 푸르러가는 산하이어라
백두대간 굽이굽이 꽃과 신록으로 수놓아가는
이 겨레 오래 가꾸어온 삶의 보금자리
기름진 햇볕과 살찐 바람이 넘실대는
농업한국의 눈부신 새날이어라
보아라
저 우뚝한 백두의 정수리에서
한라의 발끝까지
흙과 더불어 장엄하게 일궈온 역사
땀과 더불어 찬란하게 빚어온 문화
슬기와 더불어 풍성하게 일으킨 국토가 있었거니
봄이면 씨뿌리고 여름이면 북돋우고
가을이면 거둬들이고
겨울이면 행복을 나누는
우리네 먼먼 할아버지의 할아버지
어머니의 어머니가
꼭두새벽부터 땅거미까지

보듬고 다독이고 어루만지며 키워온
자랑스러운 이 하늘 이 땅 이 흙의 불꽃을
그렇다
이 나라는 농자천하지대본農者天下之大本의 나라이다
흙에서 태어나서 흙으로 목숨을 이어가며
흙에서 아들 딸 낳고 흙으로 돌아가는
논밭이 하늘이고 땀 흘려 일하는 것이
가장 크고 가장 아름답고
가장 거룩한 사람의 일이었다.
아무리 기계문명이 세상을 휩쓸어도
우주를 오가는 발걸음이 빨라져도
흙과 땀으로 맺어지는
낟알과 열매와 푸성귀가 없이는
사람이 숨 쉴 곳이 어디 있더냐
비바람 눈보라 모두 물리치고
억센 손과 팔과 다리로 줄기차게 뻗어온
우리네 기름진 문전옥답을
아니 대대손손의 뜨거운 노동의 역사를

우리는 더 높이 받들고
더 높이 이어가야 한다.
그러나 사뭇 거세게 외세의 물결 밀려오고
넓은 땅 기계 산업으로
FTA의 태풍이 불어오고 있다
이대로 주저앉을 수는 없다.
일어서야 한다.
자손만대 물려 줄 우리의 옥토
생존이고 번영이고 평화이고 자유이고
행복이고 풍요인 농토를 지켜야 한다
농업으로 더 굳건히 나라살림을 키우고
농업으로 세계와 맞서야 한다.
이제 모두 돌아가자
나를 낳아 준 어머니의 땅으로
향기로운 흙냄새에 얼굴을 묻고
이랴 쩌쩌 이랴 소 모는 소리
우여 우여 새 쫓는 소리
더덩실 풍년가에 농무가 펼쳐지는

우리들의 영원한 고향으로 가자
흙 묻은 손으로 땀을 씻으며
웃음꽃 피우는 새 날을 맞자
7천만 부둥켜 하나가 되는
통일의 열매로 흙으로 거두자

나라 말씀이 겨레글자로 하늘이 되누나

──『월간서예』 500호를 기리며

나라가 높이 오르고 있다
겨레의 혼불이 글자로 살아나서
하늘을 밝게 채우고 있다
자랑스럽고 자랑스럽다
저 신석기시대 먼 조상들께서
쌓아올린 반구대암각화의 고래사냥 등이며
역사를 일으키고 온몸을 던져 세웠던 비석들이며
꿈틀거리는 세상의 빼어난 짐승들이 모두 여기에 오셨구나
지금은 남의 땅에 우뚝 서 있으나
고구려가 높이 세운 광개토대왕의 비석이며
백제 무령왕릉의 어룡이며 신수神獸들이며
신라의 불상이며 첨성대 등의 석불들이
이 밝고 눈부신 새날 새 아침 다시 나와
노래와 춤과 생각으로 쌓아올린
『월간서예』 500호의 잔치를 펼치고 있구나
신라의 김생은 송나라 사람이 왕희지 글씨를 보았다 하며
「태자사랑공대사비석」 등 신품神品을 많이 남겼고
이인로 이규보 서거정 등 우러러 칭송하였어라

삼국시대 우리의 세 나라는 불교육성을 이루며

절을 짓고 불상을 깎고 글씨와 그림과 공예를 다루며

문화융성의 깃발을 높이 올렸었네

세 나라가 마침내 하나 되는 통일신라가 솟으니

성덕여왕신종의 저 크고 넓은 에밀레 에밀레 울음소리며

1천여 글자로 새긴 명문이 연꽃들과 더불어 영세복락을 이루고
　　있어라

원효가 깨우친 일심 무애 화쟁 사상이며

요석공주와의 사랑이 몰가부沒柯斧에 엮여 설총을 낳는다

설총은 구경九經을 우리말로 익혀 제자를 가르쳤으며

아버지와는 달리 불교가 아닌 유학의 도를 깨우쳤고

화왕계를 지어 세상의 복락을 일으켰다

여기 천년 신라를 넘어 왕건이 고려를 세우니

만월대며 부석사 무량수전이며 은진미륵이며 상감청자의 비색
　　이며

세상을 깨우고 깊은 잠속에서도 우러르는

고려예술을 어찌 이루 다 헤아릴 수 있으랴

국태민안 및 풍년, 극락정토의 왕생을 염원하는

「팔만대장경」은 8만1258매로 세계 최대의 불경으로 해인사에
　　안치되어 있다
어찌 이루 다 헤아리리오
고려를 섬기는 정몽주 이색 등을 물리치고
이성계가 역성혁명을 일으켜 조선왕조를 세운다
보아라, 1천5백년 섬겨오던 불국정토를 닫고
사람답게 사는 삼강오륜을 바탕으로
유교숭상의 새 나라를 새겨례를 일으킨다
-백성들이 쉽게 읽고 쓸 수 있는 글자를 만들자
마침내 세종임금은 백성을 가르치는 올바른 소리
훈민정음 창제에 낮과 밤을 세워 1446년
하늘 아래 땅 위에 세상에서는 제일 좋은 글자
한글(훈민정음)을 지어내 만천하에 떨쳤어라
하늘도 새로 열리고 땅도 새로 솟아나고
세상 사람들이여! 한글이 얼마나 위대한 글자인가
배우기 쉽고 읽기 쉽고 만국의 언어가 되리라
한글 하나만으로도 이미 세상을 모두 이겼다
이황, 이이, 허균, 정철, 윤선도, 정약용, 박제가, 김정희…

이루 다 헤일 수 없는 대가들이 한자와 한글을 고루 꾀어
문화예술의 빗장을 열었어라
청자에 이은 조선백자 예술은 세상 밖의 어느 누가 뒤쫓을 것이며
강점기를 넘어서 오늘의 눈부신 글쓰기, 그림그리기, 도자기낳기
    저 명인들
세한도를 찾아온 손재형 및 이철경, 김기승, 김충현 등에
화가로는 안중식, 고희동, 이상범, 노수현, 이응로, 남관, 김환기,
    박수근, 이중섭, 장욱진, 천경자, 박서보…
문인으로는 박종화, 김동리, 김상옥 등이 좋은 글씨를 많이 남겼다
여기에 이름을 못 올린 글씨, 그림의 명인들은 또 얼마인가
오백의 잔치는 오억 오십억도 넘어 내 나라의 어제와 오늘을 넘어
한글의 나라, 예술의 겨레의 더 밝고 더욱 빛니는 내일을 만들어
    내리라
너무도 눈부시고 울컥 울음 쏟아지는 기쁜 날
월간서예! 백년 천년 더욱 눈부시게 빛나리라

돌아선 하늘이여 흐르지 않는 강이여

—— 6·25전쟁 70주년에 부쳐

얼굴을 돌린 하늘이었다
거꾸로 흐르는 강이었다
산도 물도 고이 잠들고
배달겨레 한 핏줄 고운 꿈길 건너던
1950년 6월 25일 이른 새벽
이 무슨 하늘 무너지고
땅이 꺼지는 날벼락이리오
북위 38도선 북방경계선에서
어둠을 찢고 산하를 흔들며
터져 나온 동족상잔의 포성이 울렸다
그날로부터 이 겨레 보금자리
장엄한 역사 일으켜 세우고
눈부시게 문화 꽃피우던
금수강산은 불길에 휩싸이고
나라안팎의 병사들이며
어질고 착한 백성들 앗기고 다친 목숨들
온 땅을 피로 적시었어라
어찌 이루 다 이르리오

꼬박 1천백 스무이레 동안 치렀던
그 고난, 그 비극, 그 참상을
오직 잃은 것만 있고 얻은 것 없이
1953년 7월 27일
휴전선 155마일 다시 갈라선 이 나라
서로 갈리 인 어머니와 아들 아버지와 딸
통일을 바라 뼈를 녹이고 살을 여윈지
어느덧 일흔 해가 되었구나
더는 기다릴 수가 없구나
하늘이여 얼굴을 돌려다오
강물이여 소리높이 울어다오
산과 물이 하나 되고
8천만 얼싸 부둥켜 춤추는
통일의 새날을 열어다오.

3

북한산

1
내가 오르는 것은 산이 아니라
한 덩어리의 큰 울음 속이다
울음 속이 아니라
하늘 밖에 길을 열어 오는
가을의 바람 속이다
바람 속이 아니라
보우가 여기저기 뿌려둔
무자화두無子話頭들이다
지금 산을 오르는 것은
내가 아니라
늙은 풀꽃을 더듬고 있는
고추잠자리다
고추잠자리가 아니라
한 덩어리 큰 바위들이다.

2
서울이 보이지 않는다

하늘의 빛을 다 모아오고

바람이란 바람을 다 불러다가

육백살토록 젖을 물렸어도

한강은 아직 제 소리를 내지 못하고

서울은 얼굴이 없구나

백운白雲이 나서서 북을 울리고

인수仁壽가 내려와서 어둠을 쫓아라

그러면 국망國望이 또 한번

천둥치듯 나라를 앉혀서

더덩실 삼각산* 춤을 출 것을.

---

* 북한산은 백운, 인수, 국망, 세뿔이 돋았다하여 삼각산三角山이 되었다

백록담은 노래한다

산과 산이 일어선다
물과 물이 용솟음친다
이 나라 시의 큰 스승 정지용선생
올해로 태어나신지 일백 다섯 해
그리고 그 높고 높은 시의 산
깊고 깊은 시의 강을 우러러
여기 넓은 벌 동쪽 마을 옥천에서
지용제 큰 잔치가 열린지 스무 해
우리는 하늘을 떠받치던 지용시의 봉우리
「백록담」이 울리는 천둥소리를 듣는다.
털빛이 다른 족속들이 몰려와
우리의 말과 글을 빼앗을 때
모국어의 백두대간을 번쩍 들어올려
이 겨레 혼불 밝혔어라
그 불빛 이어 「청록파」를 비롯
이 땅을 시의 산천으로 꾸미더니
어둠과 단절의 세월을 넘어
첫 문은 지용이 뽑은 박두진이 열었네

오늘 열아홉 번째
한라 「백록담」의 천둥소리에
설악이 용트림으로 화답하니
「아득한 성자」 폭포가 되는구나.
보아라, 「비로봉」 「장수산」 「풍랑몽」……
어깨 걸고 일어서서
북, 장고 울리며 더덩실 춤추는 산들
이것이 지구촌의 가슴팍을 울리는
이 땅의 말씀 이 땅의 노래
이 땅의 개벽이 아니더냐
산이여 강이여 하늘이여!
들어다오! 「백록담」이 흘러넘쳐
온 세상을 푸르게 물들이는
이 거룩한 **축복의 내합장**을,
한라와 설악이 내뿜는 화두를.

사람은 산이 되고 산은 하늘이 되어
—— 김대건 신부 탄신 200주년에

우리나라는 소나무 산의 나라
늘 푸른 소나무 동산 아래
집들이 모여 사는 동네가 많지요
그 가운데 서해안 뱃길 오가는
당진 고을 솔뫼마을에서
성인聖人 수선탁덕首先鐸德*
김대건 신부가 첫 아기울음을 터뜨렸어요
나라는 한밤중이고
겨레 깊은 잠에 들던
저 이백년 전 팔월 스무하룻날
아마도 보이지 않는 빛기둥이 솟아올라
하늘을 떠받치고 있었겠지요
아기는 자라면서 오직 한길
십자가와 면류관을 향하여
기도와 영성과 은총의 가시못 길을 걸으셨겠지요
너무도 짧은 스물다섯 나이로

---

* 우리나라의 첫 신부

새남터에 순교의 보혈寶血을 흘리시매
내 나라의 어둠을 깨치는 횃불이 되고
세계 카톨릭사에 이름을 새겼지요
올해 탄신 200주년을 기려
유네스코가 세계의 인물로 모시니
어느새 '솔뫼'는 하늘 위에 높이 걸렸네요
그동안 김대건 신부는 살아 계시어
사람의 사람, 산의 산, 하늘의 하늘이 되신 거지요
오늘 나라와 인류를 보듬는 사랑의 손길 잡아주시러
이 땅에 돌아오신 거지요

그릴 수 없는 사랑의 빛깔까지도

— 이중섭

원시림이 젖는다
벌거숭이의 나무가, 사람이, 짐승들이
달려 나온다
하나의 몸짓은
하나의 슬픔을 낳는다
모든 것은 평화
천상의, 그보다 더 높은 곳에서의
밀회
고독의 선은
어둠의 실을 뽑아서 쓴다
사랑의 채색은
온몸으로 밤을 새우고 난 다음의
햇빛의 눈부신 이파리를 선택한다
불이 탄다
원시림의 불, 벌거숭이의 불, 절망의
불, 미지의 불
아, 마침내 황홀에 싸여 붓을 든다
비로소 성취한다

전인미답의 땅에 이르러
그 혼신의 피, 어둠은
더욱 찬란한 지평을 열고
살아서 꿈틀거리는
그릴 수 없는 사랑의 빛깔까지도

기쁜 잔칫날

나라님 젓수시는 수라상에
물과 흙과 불을 다스려
곡식 살찌우고 백성들 배불리는
거룩하신 용 삼형제와 함께
상서로운 모란꽃 아로새겨
진지 그릇 올리옵니다

백옥 흰쌀로 밥을 지르면
보름달로 부풀어 오르고
박연폭포 내리는 물을 뜨며
은한 별빛이 가득 차옵니다
온 누리가 기쁜 잔칫날이옵니다

금은이 어찌 이에 값하겠으며
보석이 어찌 이에 빗대오리까
하늘도 여기 와서는 빛을 잃고
비바람도 아예 기웃거리지 못하는
한없이 높이 아득한 임이옵니다

퍼내도 다함이 없는 무량한 세월입니다

〈청자음각 용 모란 무늬발〉

심청의 이름으로

어찌 사랑을 여쭈오리

우리네 전생에서
먼 후생에 까지
물을 딛고 바람을 딛고
해를 딛고 달을 딛고 피어올라
온 세상 밝히는 꽃등

어찌 번뇌를 씻으오리

진흙과 티끌의 바다에서
욕망의 허울을 입고
어둠속을 헤매이다가
문득 우러르는 저 눈부신 광명

어찌 은혜를 잊으오리

공양미 삼백 석에 몸을 던진

우리 심청이 두 팔로 건져 올려
나랏님께 바친
용왕의 헌화.

오, 백자진사연화문호
그대 앞에 무릎을 꿇으오리
조선 도공이 피워낸
붉은 빛의 두 송이 연꽃
무릎 꿇어 술을 따르오리
심청의 이름으로

해보다 더 밝은 나라 사랑 계시어라
— 순국선열에 올리는 글

나라 위에 나라 있어라
역사 위에 역사 있어라
산보다 더 높은 산이어라
강보다 더 깊은 강이어라
천세 만세 이 겨레 받들어 우러르는
해보다 더 밝은 큰 광명의
순국선열 계시어라
이 어인 하늘이 돌아서고
땅이 꺼지는 재앙이리오
반만년토록 배달의 아들딸들
살뜰히 가꾸고 모시어
장엄하게 일으켜온 종묘사직이
바다 건너 왜적의 겁박과 흉계에 걸려
을사늑약으로 나라를 통째로 강탈당했으니
이천만 흰옷의 백성들 피눈물과 통곡으로
산천이 물들고
초목과 맹수도 머리 풀어 엎드렸어라
―한번 죽음으로써 황은皇恩에

보답하고 이천만 동포에게 사죄하노라
충정공 민영환 선생 앞장서 자결하니
조병세, 손병선, 홍민식, 이상철……,
다투어 뒤따르고
앉아서 죽을 수 없다 왜적을 몰아내자
최익현, 민종식, 신돌석……, 선비들은
읽던 책 덮어두고
농부들은 논밭에서 뛰쳐나와
아버지와 아들, 형과 아우가 하나 되어
맨몸으로 왜적과 맞서 싸웠어라
독립대장 안중근 의사는 북만주
하얼빈까지 쫓아가서
왜적의 괴수 이토 히로부미를 총살형에 처하니
세계만방이 놀라 깊은 잠을 깨었어라
우당 이회영 6형제 50여 가족은
가산을 정리하여 북간도로 건너가서
항일독립군의 무장 훈련을 위해
신흥무관학교를 세웠어라
마침내 용암으로 들끓던 독립투쟁의 불길

활화산으로 터져 올랐으니
1919년 3월 1일 정오
삼천리 강토에 울려 퍼진
대한독립 만세!!
할아버지도 할머니도 어머니도
아버지 오빠도 누이도
손에 손에 태극기 들고 흰옷의 물결
산과 들을 덮었어라
아우내 장터에 뿌린 유관순 누나의
나라 사랑의 붉은 피를 어찌 헛되이 하랴
대한민국임시정부가 상해에 세워지고
홍범도 장군은 봉오동 전투에서
김좌진 장군은 청산리 대첩에서
왜군들을 대파하고 기세를 올렸어라
백범 김구 선생은
한인애국단에 들어간 윤봉길 의사는
상해 홍구 공원에서 도시락 폭탄으로
사라가와 대장 등 적장들을 쓰러트리니
중국대륙이 고개를 숙여

독립 영웅의 장거를 떠받쳤어라
아, 아, 저 말씀도 글자도 성도 이름도
역사마저도 잔악하게 칼로 베어내고
땅에 묻을 때
오직 나라 찾기 붉은 마음 하나로
부모 형제 아내와 아들딸들을 뒤로하고
고문과 악행 투옥을 견디며 나라에 몸 바친
하늘의 별처럼 헤아릴 수 없는
순국선열들의 한 분 한 분의
이름을 어찌 다 부르리오
선영들이시여 만대의 스승들이시여.
나라 위의 나라이시여
겨레 위의 겨레이시여
우러러, 나라 사랑의 얼 따르옵고
거룩하신 정신 받드옵니다
이 나라 세계 으뜸으로 나아가고
이 겨레 문화융성으로 지구촌에
우뚝 서고 있습니다

즐거움을 만들고 기쁨을 팔고 샛별을 띄우다
—— 연암 구인회

백두대간이 등뼈를 세우고 달려와
방어산을 병풍 두르고
연창강을 흐르게 하여
기름지고 살기좋은 승산마을을 낳았다.
이 나라 사직이 무너지던 1907년
연암은 조선조 중엽부터
이곳에 터를 잡고 살아온 능성 구씨 가문의 유학자 춘강 재서공과
어머니 진양 허씨의 맏아들로 태어났다.
열 두 살 때 반성 장터에서
3.1 독립만세를 부르는 흰옷의 백성들이
일제의 총검 앞에 쓰러지는 모습을 보며
눈물을 훔쳐야했다
나라 뺏긴 겨레를 살리기 위해서는
돈을 벌어야 한다 두 주먹을 쥐고
열여덟에 승산협동조합 구판장을 열고
스물다섯에 할아버지를 설득
거금 이천 원으로 진주에 구인상회를 차렸다
1942년 일제가 태평양전쟁으로 몰릴 때

어렵게 모은 1만원을 독립자금으로 헌납하고
광복을 맞자 부산에서 조선흥업사를 설립
무역업에 착수하였다
만석군의 아들이며 동경유학을 한
조카사위 허준구와 손을 잡고
화장품 제조회사 럭키를 세웠으니
즐거움을 만들고 기쁨을 파는
락희 화학공업사로 발돋움하여
치약, 칫솔, 합성세제, 플라스틱 등
생활문화를 바꾸는 필수품 공급의 혁명을 이루었다
한 발 앞서 가는 연암의 경제 감각과 기업정신은
금성사를 세워 우리나라 최초의
라디오, 에어컨, 냉장고, 텔레비젼을 생산하는
전자산업을 일으켰으며
호남정유공장을 세워 기름 한 방울 없는 나라의
에너지공급의 신기원을 이루었다
1969년 섣달 그믐 연암은 세상을 떠났으나
오늘 이 나라는 그가 있어 경제 강국의 반열에 오르고

우리 국민 생활은 즐겁고樂 기뻤喜으며
연암의 이름은 샛별金星로 떠서
영원한 빛을 내뿜고 있다.

어머니의 기도

어머니

모두 잠든 꼭두새벽에 일어나시어
물동이 이고 옹달샘 길어온
정화수 백자사발에 받쳐
장독대 위에 올리시고
두 손 모아 비셨지요.

여기 청자음각포류수금문완靑磁陰刻蒲柳水禽文盌
버드나무가지 바람에 휘둘리고
들오리 목을 늘려 노니는
눈부신 청자사발도
먼 고려쩍 어머니들 고히 괴시던
정화수 그릇 아니겟어요.

고려 첫 임금의 할머니 용녀도
도읍 개성에 큰 샘을 파서
나라의 안녕을 빌었다지요.

빌고 비는 손들이 모여
백성들 오래 평안하셨겠지요.

어머니의 기도처럼
세월을 넘어서 더 빛나는
사랑이 여기 있어요.

대 고려에 바친다

자랑스럽습니다

할아버지 할아버지 적부터 내려온
흙을 빚어 보석 그릇을 굽는 일을
어려서부터 익혀왔습니다

이번 가마는 나라님께 올릴 것이다.
어깨 둥근 매병이며
사자가 웅크린 향로며
꽃병이며 술잔이며 연적이며
그것들 속에 내 몫은
향합을 빚는 일이었습니다.

먼저 내 젓날밤을 맞아 술
신부의 얼굴을 그렸습니다
하늘과 땅이 하나가 되는
둥근 국화꽃 받침에다
사랑의 새 앵무가

짝짓기 놀이하는 것을 새겼지요
어화둥둥 백년해로하고 싶어요

천 리 밖 나라님에 올린다니
내 이름 「존보*存甫*」도 써넣었어요
크고 큰 나라에 바치는
작디작은 이름이지만
오래 남기고 싶었습니다.

천자음가갱무문「존보」명 향합

태평가

어머니
물동이 이고 옹달샘 길어야
뒤 안 담장에 올리시던
표주박 한 덩이
당신의 사랑만큼이나
어여쁘고 복스러운
청자상감 회화 국화문 표형
여기 천년의 숨결로
비취빛 살결로 앉아있습니다.

학처럼 목을 뽑아
하늘을 부리로 쪼아대고
넝쿨로 땋아 내린 귀밑머리
한 손은 자비로 들어 올리시니
우리 자손들 무병장수 비옵는
약사여래 부처님 아니신가요.

국화꽃 가지 꺾어 치마폭에 담고

인동당초문 구름 띠로 둘러
영원으로 이어지는
생명의 씨앗을 심어주시니
나라님께 올리는 신선주 따르면
태평가 구성지게 울려 퍼지고
꿈처럼 한세상 흐르겠네요.

소신공양燒身供養

사랑이라 이르오리

토함산 석굴암 십일면관음보살님
세상의, 모든 아픔 씻어주시려
오른 손에 들고 계시는
보배로운 약병에 담긴 것
마르지 않는 사랑의 샘물이오리

불러오는 여인의 아랫배인 듯
흰 살결 위에 방긋거리는
꽃과 잎새를 수놓아
봄의 봄, 어머니의 어머니로
살아계시어라.

백자상감초화문병
흙으로 빚었어도 백옥보다 빛나고
땅에서 솟아났어도
하늘에서 내려온 듯

한 방울 이슬로도
세상의 번뇌 녹아나는
정녕 사랑이라 이르오리
이 어여쁜 소신공양.

아침의 칙령勅令*

1
바람의 먼 골짜기에서
나의 꽃들은 마리 로랑생 당신의
가장 내밀한 사랑의 회화와
달빛의 풍금소리에 기침을 한다
저만치 어둠밖에 손을 들고 있는
낡은 신앙의 금 의자와
해바라기, 그 그늘에 크낙한 소망을
바다처럼 파닥이는 빛나는 원정
햇빛이 하얗게 자즈러지는 대륙의
가장 단절된 지경에서
나의 꽃들은 항시 넘치는 술의 은병
사벽四壁의 눈을 떠서 오라.
마리 로랑생 당신의 찢긴 언어와
세계는 지금 어두운 방
얼굴을 씻고 나와 기다리는 지배의

---

* 1964년 동아일보 신춘문예 당선 취소작품

나의 꽃들은 풍금소리 가까이 오라

2
어디서 탄생한 것일까
바람의 가상이에 와 닿는
찬란한 입술
입술은 떨리며 햇빛의 명령을 받는다
그때 당신의 사랑은 무수한 색지
사랑을 잃어버린 키 작은 미뇽
기를 꽂을까
가난한 영토의 빈 잔이어
좀 더 높은 키의 발돋움을 몰라
저렇듯 희부연 웃음의 해바라기
그 피 흘리는 흑점을 매만지며
꽃들은 침범해가는 지도
무너진 노을 근처에
허술한 왕성王城의 문을 두드릴까
출범의 불타는 음악을 데불고

햇빛의 회랑을 지나는
나의 꽃들이어
제왕이어

3

조락하여 지상에 뒹구는
달빛의 혼효混淆
나의 꽃들은 일제히 창을 열고
소조처럼 포르릉 영원을 나른다
슬픈 눈비늘을 떨어뜨리며
날아간 하늘의 후회여
나자로의 눈 먼 형벌을 인습한
꽃의 캄캄한 반점
홍역을 앓는 제왕은 쓸쓸하다
유폐된 어둠과 아주 잘 익은
능금의 예감에 흐르는 강물
그리고 사방에서 많은 손가락들이
꽃잎새 에스프리에 떠오르는

비인 환각의 둔주遁走

달팽이처럼 끈끈한 촉수로

나의 꽃들은 명령을 기다리고

풍금소리와 죽은 바다의 소리가

저리도 끓는 광망光芒의 땅에

아, 아무도 나설 수가 없구나

쓸쓸한 제왕의 영토

피의 램프가 흔들리는 내벽

오랜 고독의 갑주甲冑 속에서

벗어던진 꿈의 사변을

당신의 속박의 살에 파묻고

제왕이어 나의 꽃들은

외로운 피를 닳으며 피는구나

생활의 강*

1
먼 밤의 풍경에서
인욕의 때를 씻어온 저 혼탁의 흐름
모든 생활의 이웃들이
부정하게 흐느꼈던 피를 섞으며
꽃 한포기 떨구지 않은 가난의 진실을
눈물같이 뜨거웁게 강은 포복한다
흘러가는 것은 아픈 실의
버리고 싶은 상흔의 일력들을 내어던지며
나는 자꾸 지향 없는 미아
언덕 위에서
내가 나를 띄워 보내도
후회는 살아서 살에 닿아오고
사랑했던 이들의 타기唾棄가 붙어있는
생활을 이 어지러운 사치를
차라리 강으로 나는 흐른다

---

* 1966년 작품

흐르면서 성장과
혹은 어루만지고 싶은 하수구를 지나며
이리도 어려운 세계를
저 다닥다닥 모여 있는 목숨의 사변을
나는 함께 흐르고 싶다

2
누가 내 남루의 처마 끝에
울지 않는 새를 살게 하였는가
밤이면 산을 찾는 나의 손
살고 싶은 강가엔
창백히 시들은 얼굴들이 핀다
불신이 아니다
잎이 지면 다시 눈이 내릴
산하의 질서와
내 몇 번째 버려두었던 생활의 책갈피에
찢긴 신앙의 일기가 있었음을…….
지금도 아들의 불순을 세탁하는 어머니와

끊고 싶지 않은 피의 분리를 우는
연인들은 강가에 나와 서고
꽃이 아닌 슬픈 생활의 일화 휴지처럼 널려있다
아, 아 산이여
내 손이 자꾸 부르던 의지여
한 모금 마시고 싶다
썩은 악취의 저 강물을 마시고
슬프게 자만해온 나를 조소하며
산 앞에서 흩어지는 구름을 보고 싶다
날아가라 울지 않는 새여
남루는 모두 강으로 흘러가고
가을의 빈 하늘 한 폭의 순수에
나의 산책은 저물어 가리라

시인은 백년 또 백년 후에 다시 태어난다
―― 모국어의 광복 70주년 새 아침에

시로 해가 뜨고
시로 달이 지는 나라
시로 농사짓고 길쌈하고
시로 나라 살림하는 나라
태어나면서부터 시인이 되는 겨레
인류 으뜸의 나랏말씀과
하늘 아래 가장 자유로운
겨레글자를 가진 나라
올해는 나랏님중의 나랏님
큰 임금 세종께서 훈민정음을 창제하신지
오백예순아홉 해가 되는 해
그리고 비로소 모국어의 광복
일흔 해를 맞는 새 아침
맑고 밝고 반가운 얼굴로
서로 축복의 인사를 나누는
한국시인협회 한 가족들
참으로 기쁜 잔칫날이구나
이 땅의 시에 빛의 거름을 듬뿍 주시고

저희들에게 시의 길을 가르쳐주신
두 분 스승 미당, 목월
탄신 100년 되는 해
흰 무명옷 갈아입으시고*
오늘 이 자리에 오시었구나
우리 모두 큰절로 세배를 드리자
위대한 시인은 백년 후에 또 백년 후에
다시 태어나는 것,
우리도 백년 뒤에도 누군가 읽어줄
시를 써야 한다.
한국시의 새 역사를 쓰는 붓을 들자
이 나라 오랜 길을 밝힌
만해, 가람, 소월, 지용, 노산, 청마……
아니 저 개천開天이래
시의 새벽을 열어온 시의 성좌星座들
우러르며 모국어의 새 가락을 뽑아내자

---

*　　미당의 「수대동시」에서

시인이여, 모국어의 아들딸들이여
다시 일흔 해
일흔에 일흔을 곱하는 해를 위하여
축배를 높이 들자
시인만세를 부르자.

더 넓은 시의 보석밭 천상에 지으소서

—— 고 송운 성창경 선생 영전에

눈보라를 밀어내고 올라오던 꽃소식이
뒷걸음질 치고 있습니다.
저 백두, 금강, 설악의 봉우리에
우뚝 선 소나무인 듯 늘 푸르르며
아호 송운처럼 향기 더불어
높은 이 나라 시의 가락 뽑아내시더니
거기 깃을 치는 학처럼 고고히
세상을 밝히시더니
하여 따르는 이들 송수학령松壽鶴齡
천세 누리실 줄 믿었더니
이 어인 갑작스런 하늘의 부르심입니까
넘치는 사모의 정 복받치는
슬픔에 산도 물도 따라 웁니다.
송운 선생님!
저 모국어가 송두리째 짓밟히던
강점기의 어둠 속에서
선생은 내 나라의 말과 내 겨레의 글자로
가슴 안에 시심을 담고 키워왔으며

분단, 전쟁의 소용돌이를 넘어
비로소 한국문학이 새 불꽃을 피웠던
오십년대의 중심에서 큰 붓길로
시사의 한 획을 그으셨습니다
일찍이 영문학자로 딜런 토마스를 비롯한
서구의 낭만주의와 형이상학 시를 두루 섭렵하여
주정적 한국시의 흐름에
신선한 주지시의 새 영역을 열었습니다
그리고, 박재삼 등과 함께였던 60년대 사화집
동인지 운동은 모국어의 찬란한 아침이었으며
저희 60년대 시학도들을 일깨우는교 과서였습니다.
시 활자의 틀에만 갇혀서는 안된다
시인의 육성으로 감성으로 독자의 가슴에
파문을 새겨야 한다
구상, 박희진 두 분과 함께 일으켰던 공간 시낭독회는
오늘토록 이어지며 금수강산 굽이굽이
시낭독의 울림으로 출렁이게 하고 있습니다.
송운 선생님!

글씨, 그림, 음악……, 예술의 모든 세계는 물론
우주만물의 이치까지도 다 헤아리며
마침내 우주율을 깨치시고
언어 속의 언어, 의미 속의 의미
사물 속의 사물에서 뽑아내는
일자 일행의 밀핵시密核詩들의
오묘불가사의한 경지까지 가셨습니다.
선생의 시는 당대를 지나 먼 후대에까지
글자를 새기는 연구가 깊어갈 것입니다.
저는 선생님의 언어예술공연에서
퇴계나 율곡이 입었던 것 같은
의관을 하신 것을 뵈온 일이 있습니다
바로 그것입니다
조선조의 큰 선비들이 실천했던
그 강직, 그 청렴, 그 덕성을
몸소 저희 후학들에 보여주셨습니다.
송운 선생님!
선생께서 이렇게 훌쩍 붓을 놓고 떠나시면

이 거칠고 어두운 세상을 누가 있어
등불을 밝히겠습니까.
선생의 시 「추사의 글씨에게」에서
"너를 키운 한국이란 물 한국이란 땅
한국이란 바람은
너의 천둥 같은 나래소리로 해서 길이 멀리
떨칠 자랑을 한다"고 하셨는데
저는 선생님의 詩에 이 구절을 올리고 싶습니다.
돌아보니 선생님을 처음 뵈온지 어언 반세기
제게 주신 가르침과 은혜 이루 헤아릴 길 없습니다
태평양을 건너 미대륙에 가서
선생님이 읊으시던 〈야오씨와의 대화〉
아직도 귀에 쟁쟁합니다.
또 제가 돈황에 모시고 갔던 일도
거기 사막에서 녹슨 나사못을 엎드려 주우시던
모습도 눈에 선합니다.
선생님 이렇게 가시면 안 됩니다
"야오 씨가 말했따아─" 그 음성

한 번 더 들려주시고

부드러운 손길 한 번 더 잡아주소서.

굳이 가시려거든 더 넓은 시의 보석밭

천상에서 지으시고

천사들 더불어 날마다 날마다 시의 잔치를 열어주소서.

2013년 3월 1일

후학 이근배 곡만哭輓

더 높은 산을 지으소서
── 고 벽강 전숙희 스승 영전에

이 나라 백두대간이 빚어 올린
지상에서 가장 빛나는 묏부리
금강산 비로봉이 오늘은 하늘 우러러
두 손을 모으고
금수강산을 가로지르는 한강이
목메어 흐르고 있습니다.
지난 한 세기 이 땅의 문학 대지에
또 하나의 금강의 봉우리를 올리고
한강 물줄기를 새로 펼친
한국 현대 문학사의 큰 스승
벽강 전숙희 선생께서
잡으셨던 붓을 놓으시고 하늘의 부름에
떠나시는 자리에 올리는 만사挽詞입니다.
벽강 전숙희 선생님
저 빼앗긴 나라 찾겠다고 활화산 같이
독립만세가 터져 오르던
기미년 그 삼월
선생님은 분명코 이 나라 역사에

어떤 소명을 받기라도 하신 듯
금강산 자락 통천군 고저마을에서
남다른 재능과 홍복을 지고 태어나셨습니다.
당시 여자들로서는 낙타가 바늘구멍으로
들기만큼 어렵던
행운의 신학문 길로 내달렸으니
종로 보통학교, 이화여중, 이화여전……
명문으로만 앞장 서 배움의 길을 열었고
억눌리고 짓밟히는 모국어를 살려야
나라가 살고 겨레가 산다.
현대 소설의 아버지 상허 이태준 선생께
글쓰기를 배워가며
소설에서 수필로 마침내
적막했던 현대 산문문학의
광활한 대지를 개척하셨습니다.
큰 스승 벽강 선생님
선생님이 한 몸에 안고 오신
지난 한 세기 생애는

곧 이 땅의 현대사이며
현대 한국문학사이며 문단사입니다.
일제의 사슬과 채찍을 이겨내면서
광복과 건국의 소용돌이 속에서
동족상잔의 포화를 뚫으면서
선생은 붓을 들어
조국에 대한 사랑과 시대의 혼불을
밝혀오셨습니다.
수필가로 언론인으로 모국어의
아름다움을 흠뻑 새기는 명문장으로
서울의 종이 값을 올리셨습니다.
세계의 시인 작가들과 어깨를 나란히 하고
한국문학의 위상을 높이는 일에
버선발로 뛰어들어
한국펜을 일으키고 국제펜 종신 부회장으로
헌신하신 일이며
월간 「동서문학」 창간 「계원예술대학 설립」
「한국현대문학관」 개관 등

선생에 앞서서 어느 누구도 뜻을 세우고
이뤄낼 수 없었던 일이며
뒤에 따르는 이들도 다시 하기 어려운
선각이었고 대업이었습니다.
수필집 「탕자의 변」에서
장편소설 「사랑이 그녀를 쏘았다」까지
서가에 넘쳐나는 많은 명저들은
이 땅의 글밭에 영원히 향기로 피어오르고
씨앗으로 번져갈 것입니다.
따르는 문학 후배들에게
어머니 같은 품성으로
손을 잡아 이끌고 등을 다둑여 주시던
스승이고 어머니이고 누이시던
아니 연인처럼 넘치는 사랑을
고루 펴시던 선생님
그 우러르던 산 펼쳐지던 강을
지고 떠나시면
그 자리 누가 있어 지키겠습니까.

백세의 스승이시여!
저 산과 들도 통곡으로 부르는 만가挽歌를
너른 품으로 다독여 주시고
나는 용광로처럼 뜨거운 심장으로
한 생애를 태웠노라고
붓으로 발길로 누비시던 지구촌보다
더 너른 하늘나라에서
내가 사랑하는 대한민국을
겨레 형제들을 마음껏 쓰겠노라고
꽃 같이 곱던 날 맨발로 뛰어놀던
명사십리 해당화처럼 웃어주소서.
부디 비로봉보다 높은 봉우리 지으소서.

더 높은 산정에서 시의 바람 보내주소서

—— 고 이탄 김형필형 영전에

하늘이 흐립니다
아침 해가 구름 밖에 나와 있어도
오늘 이 나라의 산과 들은 어둠이 쌓이고 있습니다.
내 나라를 사랑하고 내 나라의 말씀을
가장 높고 가장 아름다운 가락으로 뽑아내던
우리 시대의 큰 시인 이탄 김형필 형이
돌아오지 않을 먼 길을 떠나는 날인 까닭입니다
지난 반세기 형의 그 뛰어난 시작업이 있었기에
우리 시단은 더욱 꽃과 잎이 무성할 수 있었으며
항상 밝고 올바른 길을 일러주었기에
우리 문단은 더욱 따뜻하고 평화로울 수 있었습니다
그 글쓰기의 매운 향기 그 마음 씀의
넉넉한 온기를 뒤에 남겨두고 떠나는
형과의 마지막 인사를 해야 하는
이 무상함 이 비정함은 통곡만으로
어찌 다 이르겠습니까.
돌이켜보면 형과 나는 이 세상에 오기 전부터
어떤 거역 못할 절대자에 의해

보이지 않는 사슬로 묶여있었나 봅니다.
처음 만난 것은 50년대의 끝자락 명동
공초 오상순선생이 나와 계시던 서라벌다방에서였지요
서울의 여러 대학 시학도들로 짜인
「대학시학도회」를 이끌던 형의 첫 인상은
번뜩이는 눈매와 날이 선 차가움이
범상치 않은 시재를 예감케 했습니다.
그리고 어긋나지 않았습니다.
1964년 동아일보 신춘문예 당선시 「바람 불다」는
60년대 시의 새 바람을 일으켰으며
어쩌다 같은 해 「한국일보」에 시 당선한 나는
형과 이인삼각으로 출발점에 서게 되었습니다.
명동시대로부터 등단과 더불어 오늘까지 반세기를
형은 나를 끌고 달려 나갔고
나는 뒤를 따르는데 힘이 부쳤습니다.
사랑하는 이탄 형
신문기자로 대학교수로 눈부시게
길을 열어가면서도

시의 불꽃을 오히려 더 거세게 피워 올렸던 형은
마침내 「미네르바」를 창간
한국 문학의 한 축을 들어올리고
후학들에게 대경작의 지평을 물려주었습니다.
저 일제 강점기에 태어나 광복, 육이오, 4. 19……
혹독한 시대를 거슬러 오르면서도
시문학사에 문단사에 금자탑을 세운 업적과
동시대의 사람들에게 끼친 덕행을
어찌 이루 이르겠습니까.
이제 형이 비운 자리를 누가 대신할 수 있겠으며
탄야*! 탄야! 우리가 부르던 이름
어디서 다시 들을 수 있겠습니까
나이가 들어 명절 때나 겨우 한 판 벌리던
"철푸덕**"의 악어***들
서툴게 화투짝 흐트러트리던

---

*　　　이탄의 별칭
**　　악어가 쓰는 고스톱의 은어
***　악우惡友

그 해맑은 웃음 어찌 잊으라는 것입니까
이탄형! 손 한 번 다시 잡게 해주세요.
수색 다형선생 댁에서 기자촌에서
심상에서 문학세계사에서
마포에서 일산에서 늘 붙어 다니던 우리
「청동문학」「신춘시동인」「청년문학가협회」
「현대시를 위한 실험무대」로
끈질기게도 따라붙던 친구를 넘던 형제 같은 사랑
버리지 않겠다고 한 번 더 손을 잡아주세요.
울며 따르는 길이라도 뿌리치지 마시고
하늘나라 그 평화로운 땅에서
못다 쓴 시 써서 보내시마고
더 높은 산정에서
세상을 깨우는 시의 바람 보내겠다고
한마디 해주고 가세요.
부디 해맑은 웃음으로 새 삶을 열어가소서.

시신詩神의 지우개도 지울 수 없는
불멸의 명문 천계에 가득 채우소서

—— 고 능소凌宵 이어령 선생 3주기에 올리는 글월

이 지상은 눈보라의 겨울을 넘어
산과 들 나무들이 저마다 꽃 준비가 한창입니다.
가장 가파로왔던 이 겨레의 한 시대
빼어난 지성과 감성의 칼로 연필을 깎아
어느 지우개도 지울 수 없는
절대적 문장들을 가득히 쌓아놓으시고
아흔 해의 마지막 시간에도 제 손을 잡아주시던
위대한 그 큰 손을 놓으시고
평화와 치유, 영생의 세계로 떠나신지
어느덧 세 해가 되었습니다.

존경하고 사랑하는 이 어령 선생님
아무리 돌아봐도 지난 한 세기
선생님만큼 살과 뼈와 피를 다 바쳐
겨레의 혼불과 삶의 지평을
먼 후세까지 남길 수 있는
지존의 글을 쓰신 이가 누가 있겠습니까
인류를 깨우쳐 줄 의미를 찾아

사색과 천착의 지구촌 몇 바퀴를
돌아오신 분 또 누가 있겠습니까

선생님은 떠나시기 네 해전 감내하기 힘든
투병의 고통과 닥쳐올 죽음을 앞에 두고
백지 노트에
―아! 내가 살아있다.
오늘도 기적처럼 숨 쉬는 숨 속에
숨어 있는 꽃들이 별들이 일제히 피고 진다―고
한 글자 한 글자 내가 내 앞에서
절대의 신 앞에서
묻고 대답하는
시의 시, 창작의 창작, 예지의 예지가
가득 담긴 「눈물 한 방울」을 남기셨습니다.
누구도 대답할 수 없는
궁극의 질문이었고
오직 자신만이 깊이 새길 수 있는 대답이셨습니다.

천상에 계신 이 어령 선생님
이 땅에서 항일기에 태어나시어
독립과 분단, 전쟁과 동·서 냉전,
이념과 갈등, 핍박과 구원
미래에로의 새 지혜를 찾으셨는데
지금 계신 곳에서는
동, 서, 남, 북이 없고 인류의 역사가 있기 전부터
먼 훗날까지 문학, 철학, 과학, 예술 등
사람 사는 법을 다 파헤쳐 오시던
시신詩神의 지우개로도 지울 수 없는 불멸의 문장을
하늘 벽에 가득 채우실 줄 믿습니다.

생명을 영원과 바꾼 이 어령 선생님
아직 이땅에 남은 저희들은
참으로 뜨겁게 선생님께서 주신 사랑과 가르침에
날로 더욱 가슴 져며져서
너른 방 가득 채우신 책들의 탑으로 우러러봅니다
어찌 글자 한 자라도 섣불리 읽을 수 있겠으며

이 땅의 문화 창조에 바치신
빛나는 업적 누대에 길이 빛나지 않겠습니까

사랑합니다.
떠나시기 전 마지막 잡아주신 손 놓지 않겠습니다.
제게 주신 은혜, 이 땅에 펼치신 불후의 명저들
가슴에 깊이 새기겠습니다.
마지막 「눈물 한 방울」로 상징하셨던
삶의 경계에서의 절규
절정의 절정에서의 찬란한 통곡
이생과 다음 생을 향한
처절한 환희가
눈부신 광채로 승화됩니다.

부디 평안하소서

2025년 2월 26일
후학 이근배 울며 절함

한글 나라 높이 올릴 빛기둥을 세웠어라
—— 『서울문학광장』 창건에 바침

활짝 열린 축복의 새 아침입니다
오랜 역사 한 겨레 한 마음 다져온 위에
세종 큰 임금 훈민정음 창제하시어
나라 말씀 위에 겨레글자 펼치신 지
올해로 5백7십7년을 맞사옵니다
저 바깥 세계의 8십억 인류들이 일제히 일어나
으뜸의 글자 한글을 우러러 손뼉 치고 있습니다
참으로 자랑스럽고 기뻐서 우리 8천만 하나 되어
하늘 높이 떠오르고 있음을 깨닫고 있습니다
―뿌리 깊은 나무 바람에 아니 뮐새
꽃 좋고 여름 하나니
「용비어천가」 제2장의 첫 행만 읽어도
우리 온 겨레 지구촌에서 가장 위대한 나라
홍익인간의 평등, 자유, 만복이 넘쳐흐르고
산도 물도 들녘도 집집이 글 읽는 소리
온 누리 가득히 넘쳐나고 있습니다
BTS 젊고 어여쁜 친구들
한글로 시를 써서 작곡하고

나라 말씀으로 노래 부르니
전 세계가 한 덩어리로 춤을 추고 있습니다
영화「기생충」은 오스카상을 휩쓸어
언어의 장벽 무너트리고 최일류 최첨단의
문화강국 대한민국을 우러릅니다
이제 한글을 쓰고 읽는
나라 밖 사람들이 7천만으로
우리 겨레와 함께하고 있으며
머지않은 날 한글이 인류의 글자가 될 것을
이 시대의 지성들이 다투어 일러주고 있습니다
천복만래天福萬來의 융성과 환희의 때에 맞추어
마침내 한글 동무들이 일제히 일어나
손에 흙 한 줌, 돌멩이 하나, 나뭇가지를 들고
『서울문학광장』을 세우는 데 몸을 바쳐
조선왕조의 큰선비들 글공부를 하던
남산의 좋은 땅을 골라 집을 지었습니다
너무 오래 기다렸습니다
할아버지의 할아버지, 할머니의 할머니들께서도

줄레줄레 이 눈부신 한글 잔치에 오시는군요
이로부터 한글 나라는 지구촌 으뜸의
으뜸의 나라가 되고
한글 동무들 저 셰익스피어, 괴테 도스토옙스키
생텍쥐페리, 헤밍웨이…… 들도
한글책을 펴들고 놀라워하네요
오늘 큰 대문을 열었으니 세상은 더 아름답고
온 누리 미움도 없고 싸움도 없는 평화로움이
가득 차오르고 있습니다.
진심으로 축하드리고 엎드려 절합니다
더 높이 높이 멀리멀리 날아오르소서
한글이여, 한글 나라여, 한글 겨레여
이 『서울문학광장』의 일꾼이 되소서.

찬란한 역사의 아침이여!
영원한 겨레의 혼불이여!

— 성웅 충무공 탄신 464주년에 바치는 노래

더 높아가는 하늘이어라
더 푸르러 가는 산하이어라
이 나라 장엄한 반만년 역사에
해보다 더 밝은 빛을 밝혀주신
영원한 겨레의 스승
충무공 이순신 장군
464년 전 오늘 이 땅에 오셨어라
여기 백두대간의 우뚝한 정기 서린
산 높고 물 맑은 충절의 고장 아산에
세계 해전사에 가장 위대한 명장이시며
불멸의 신화로 민족의 긍지를 높이신
구국의 성웅이 태어나셨어라
어려서부터 뛰어난 지혜로 용맹으로
학문과 무예를 익혔으며
충효의 정신을 높이 받들더니
식년 무과에 급제 벼슬길에 나아가
전라좌도 수군절도사에 부임하셨어라
이 어찌 이 나라 이 겨레를 굽어 살피는

하늘의 뜻이 아니겠으며
땅의 보살핌이 아니겠으리오
조선 선조 25년 임진년 4월 열나흘
우리네 조상들이 먹을 것 입을 것 물려주고
말도 글도 가르쳤던
그러나 끊임없이 침략과 도적질을 일삼던
바다 건너 오랑캐의 나라
왜적 15만이 수백 척 배로 쳐들어와
이 나라 사직이 위태로울 때
이순신장군의 지략과 용맹이
승전고를 울리기 시작했어라
거북선을 지어 불을 뿜으며
옥포에서 사천에서 당항포에서
한산섬에서 안골포에서
왜선 2백 여 척을 남해 바다에 수장시켰어라
— 아직 내게는 열두 척의 배가 있어라
원균의 모함으로 형장의 이슬이 될 뻔했던 충무공
백의종군으로 다시 싸움터에 나와
정유재란으로 원균이 참패하자

삼도수군 통제사가 되어
명량 앞바다에서 열두 척의 배로
왜선 133척을 쳐부수고 물리치어
나라 구하고 겨레 살리는
대 승리의 역사를 썼어라
인류가 우러러 받드는 성웅이시여
이 겨레 만만세의 스승이시여
오늘은 님이 오신 날 맞으며
산천초목도 새 옷으로 갈아입고
칠천만 한 겨레 마음을 모아
지구촌 하늘 높이
영광과 축복의 불꽃을 피웁니다
오소서.
그날 불 뿜던 거북선 이끌고 오시어
남과 북 하나 되는 통일도 이뤄주시고
우리 겨레 세계 으뜸이 되어
넘치는 행복과 자유와 평화
누리게 하소서

새 역사의 금자탑이여!
미래를 여는 지성의 전당이여!

— 신성대학교 개교 20주년을 기리며

새 하늘 새 빛을 받아
우뚝 솟은 산이 있어라
너른 바다로 깊어가는 강이 있어라
스무 해 전 먼 우주 밖에서
샛별 하나 찬란하게 떠오르더니
여기 서녘 뱃길 문물 실어 나르며
이 땅의 문화 꽃피우던 천년 고도 당진에
새 시대 새 교육 새 학문 전당
신성대학교가 태어났어라

선진문화대국으로 발돋움하는 길목에서
글로벌 시대가 요구하는
'뉴 프론티어 대학을 내 고장에 세우자'는
청사진을 가슴에 안고 주경야독
학문과 기업경영에 땀 흘리면서
큰 꿈의 실현을 위해 온 몸을 던져온
설립자 이병하 이사장의
창학 정신의 실현이

눈부시게 피어올랐어라

샛별의 이름 新星의 첫 울음이
하늘과 땅을 크게 흔들더니
한 해가 다르게 무럭무럭 자라나서
이제 어른이 되어서는
이 나라 대학 역사에 일찍이 없었던
놀라운 성장과 웅비의 날개를 펼쳤어라

세계의 명문 대학들과 교류협약 및
자매결연, 학생 교류 등을 맺고
현대제철을 비롯한 국내 주요 산업체와
산학협력 체결 등 날로 위상이 높아지더니
2013년 마침내 교육부로부터
세계적 수준 대학 WCC로 선정에 이어
다음 해 다시 대학 특성화사업 선정
해마다 입학 연령층의 감소로
많은 대학들이 어려움을 겪고 있는 가운데

우수 명문 대학으로 이름을 드날리고 있어라

성실, 창조, 봉사를 교훈으로 삼고
인성교육과 창조적 기술인의 양성을 목표로
국내외 석학들을 교수로 초빙하고
미래 한국의 큰 재목을 키워가는
강의실과 연구실 도서관의 불빛은
밤과 낮이 없어라
대학교육계의 거목이신
김병묵 총장의 취임 이후
'꿈을 이루는 대학'으로의 밝은 미래가
학생, 교수, 교직원이 하나 되는
웅장한 오케스트라로 연주되고 있어라

영원 하라! 신성대학교여!
우주 가득 내뿜을 별빛을 안고
인류와 함께 나아가는
최고 지성의 전당, 꿈의 상아탑으로

산과 바다를 넘고 건너

지구촌 하늘로 솟아올라라

앞으로 백년 천년

새 역사를 가꾸는 금자탑이 되어라

세상을 밝히는 불빛이 되어라

새 당진이 솟아오른다
――『당진 신 청사 개청』에 붙여

새 하늘이 열리는 도다
새 바다가 일어서는 도다
고운 해 돋는 아침의 나라의
가장 크고 밝은 해가
천년 서해 찬란한 문화
물류의 항구의 도시
새 당진을 머리에 이고
아미산 봉우리에서 왜목마을에서
둥둥둥 지구촌 하늘 높이 솟아오르는 도다

보라!
오랜 역사의 비바람 눈보라를 이기고
2012년 용의 해 새 아침
마침내 새 당진시로 새로 태어나
용트림하면 솟아오르는
저 빛의 장엄을, 눈부신 꿈의 불꽃을
자랑스러워라
백두대간 서해의 진주인 당진

먼 삼국문화의 보고인 당진
바다로는 뱃길 열어 세계를 품에 안고
산과 물 아름다워 두루미 날아드는
예부터 글 읽는 소리 높던 학문의 고장
이 땅에 태어나고 여기서 삶을 가꾼
기쁨과 보람, 오늘의 이 잔칫날
이 축복이 가슴에 벅차오르는 도다
서해안 시대의 상징탑 서해대교가
서울을 잇는 번영의 무지개 되고
부곡, 고대, 석문산단, 현대제철
높아가는 첨단 산업의 굴뚝이며
소들강문, 채운들, 대호평야...
기름진 해나루 쌀 풍년가도 구성지다
장고항, 성구미, 안섬, 한진포, 맷돌포구에서
만선의 깃발이 펄럭이고
당진항 화물선 뱃고동 소리 대해에
울려퍼지는 구나

그렇다
새로 태어나는 당진시 새 청사를 개청하는
큰 잔치 마당에 오셔서
원효, 의상, 합장 독경하시고
복지겸, 김복선, 남이흥, 송익필,
김만중, 차전로, 박지원, 김대건
이 나라 반만년 역사의 큰 스승들
가르침의 말씀 주시는구나
온 몸을 불살라 「그 날이 오면」을 쏟으시던
심훈 선생은 오늘이 「그 날」인 듯
붓춤을 추시는 구나

오오 새 당진이 솟아오른다
영랑사, 영탑사, 안국사, 충장사, 입한재
동악서원, 한원사, 필경사, 솔뫼성지...
천년 옛 도읍이 돌아왔다고
북 치고 장구 치고 풍악 울리며
당진시 새 청사를 무동 태우니

대한민국 하늘 높이
당진이 솟아오른다
당진 시민의 꿈이 용이 되어 날은다

더 높이 타올라라 구국항쟁의 불길이여

―― 소난지도 항일 의병에 바치는 노래

하늘이 열리는구나
바다가 천둥소리로 우는구나
여기 백두대간 서녘바다 작은 섬
소난지도가 활화산으로 불을 뿜는구나
배달겨레 한 핏줄 굳건히 지켜온
이 나라 반만년의 역사
아니 조선왕조 5백년이 바다 건너
도적 떼의 무리들
왜적의 총칼 앞에 무릎을 꿇는
1905년 저 을사늑약으로
힘없이 무너져 내릴 때
착하고 순한 이 땅의 어린 백성들
맨몸으로 일어서 싸웠느니라
나라 없으면 겨레도 없다
나라 없으면 목숨인들 무엇에 쓰랴
역사의 고비마다 나라가 위태로울 때
선비들이 앞장섰던 충절의 땅 충청도에서
왜적들을 몰아내려는 의병이 일어났으니

최익현은 순창에서 민종식은 홍성에서
신돌석은 평해에서 유인석은 제천에서
학자는 들었던 붓을 죽창으로 바꾸고
농부는 흙 묻은 낫과 괭이를 무기로 삼아
마지막 한 사람까지
마지막 피 한 방울까지 흘리며 쓰러졌어라
어찌 이대로 물러 앉으리요
1907년 대한제국의 군대가 해산되자
경기 남부와 충청 북부에서 떨쳐 일어선
항일구국의병이 왜적의 초토화 작전에 밀려
충남 당진시 석문면 소난지도에 집결
바다를 뒤로하고 최후의 혈전을 펼쳤어라
1908년 3월 15일 밤 홍원식이 이끄는
150여명의 전사들은 총포로 무장하고
단말마처럼 달려드는
왜적의 결사항전으로 최후를 마쳤어라
거룩하여라
여기 난지도리 소난지 산 21번지 둠바벌 바닷가에 묻힌

구국의 영웅들이여
이 겨레 영원히 우러르고 기리는
소난지도 의병 추모탑을 높이 세우나니
깨어나시라, 그날의 횃불,
그날의 피끓는 나라사랑으로
아직도 저 바다 건너 야욕의 발톱을 세우는
도적 떼들의 머리 위에 불세례를 내리시라
그리고 지구촌에 우뚝 서는 나라
칠천만 하나 되는 통일 한국의 새 아침을 맞으시라
천둥 같은 불기둥을 뿜어 올리시라

4

세상의 어머니들은 모두

이름 따로 있던가요
어머니는 모두 어머니지요

사랑뿐이셨어요
주기만 하고 받지는 않는

세상의 어머니들은 모두
그냥 어머니
어머니지요

나는 손이 둘인데
어머니는 백 손이지요

비는 손 다 보태면
천도 만도 되지요

세상의
어머니 손은 모두
하늘이고 땅이지요

초파일 떡

공양미 이고
큰 절만 가시던 할머니

초파일 떡 받아와
손주 입에 넣어 주시더니

지금은
제가 떡을 받아와도
드릴 길이 없네요

동자승 작은 상이 내게 와서

쌀자루 머리에 이고
백릿길 발품 팔아
마곡사 애기 부처로
내 짝을 가리셨던
어린 날 할머니 눈 속에는
손주 모습 저랬을까

검지를 코에 대고
화두 하나 깨치신 듯
쇠로 깎은 상좌 스님
염화 미소 담으셨네
한뼘 쯤 높은 발돋움에
마음자리 사랑이네

게송 짓는 산
── 무산대종사

해 있어라, 달 있어라
산 있어라, 물 있어라

백두,묘향,금강,삼각,지리
오악*을 두르고

산 밖에
산이 있어라
안개 살인 그림자 산

장백인가
구룡인가
물기둥 용오름이여

무량수 소나무는
학을 불러모은다

---

*   일월오봉도의 산

뉘신고?
곤륜에 올라
만파식적
부시는 이

말씀이 노래일러라
노래는 산 일러라
호두로 그린 심우도*
난 바다를 깨웠네라
무문관
나서는 산 있어라
개성 돌탑
앞세우시고

---

*   무산 스님의 첫 사화집

토함산 불국사 석굴암 통일대종
명문을 옮겨쓰다

하늘과 땅과 빛과 어둠을
가르는 산이 있어라
동해 큰바다에
해를 받으니 고앙명이 일고
만물을 버리는 목숨을 얻으니
기쁨의 천지 열리어라

산의 너른 가슴이
해를 삼키면 번뇌 잠들고
연기의 땅에
대가람 불국사를 앉히니
석굴암 빛기둥 세워
제도의 샘물 넘쳐 흘렀다

신라 탈해대왕
호국의 창을 꽂았고
문무대왕 수중릉에
신룡의 뿔 을세우니

오천년 겨레 융성이
온누리를 덮었어라

통일을 염원하는
팔천만 한마음 담아
육천관 쇳물로 녹여
대종을 주성하고
원음의 집을 지으니
나라가 길이 빛내리라

대종은 헌신불이요
소리는 우주 법계라
서울 올림픽 열리는 해
비원의 종이 울리니
인류가 하나로 만나
자유평화 꽃 피우리라

헌신불이로다

대천세계를 진동 하도다
지옥에서 떠도는
애혼들을 깨우치고
불국토 한가운데로 오시는
부처님 말씀에 귀 기울여러

조선백자 금강산연적
—— 무명도공에게

묻느니
이름 뉘시며
솜씨 물림 또 몇 대 째?

하늘손 닮았거나
못 빚을 것 없더니

으랏차!
삼라만상 번쩍 들어
금강산을 지었어라.

구름 벗고
안개 씻고
맨얼굴로 오셨네라

흰 옷에
진辰 철鐵 청靑* 꽃빛

---

*   진, 철, 청-진사, 철사, 청화. 붉고, 검붉고, 푸른 안료

봄인 듯
가을인 듯

머리에
얹힌 절간 한 채
목어 울음 노을에 젖어

조선 땅 백성 되니
살아 한 번
보고지라

백 천 날 빌고 빌다
꿈에 만나
놀았어라

귀동냥
눈동냥이어도
산, 산, 물, 물
달려든다.

인류와 함께 부르는 시조 만세 부르소서
── 고 시천 유성규 선생 영전에

높푸르던 하늘이 오늘 저리 흐립니다
아흔 네해 한글나라 시조겨레 드높이시던
큰 스승 시천 유성규 선생 여의는 길 젖습니다

나랏말씀 겨레글자 빼앗기고 짓밟히던
항일기에 태어나서 모국어에 눈 부릅뜨고
가슴에 혼불 태우며 시 정신 키웠어라

광복의 기쁨 넘쳐 우리글에 얼 새기고
인천고 일등 학생 서울대 국어과 합격
졸업 후 고교 교사로 푸른 영혼 꽃피웠어라

저 높은 천국 백일장 시조 장원 하늘 날았네
대통령 출제 〈우국원년풍〉 역사 앞에 이름 올려
─닐리리 태평가 속에 마냥 취해봤으면

한국일보 신춘문예 〈청자〉로 입선하고
《자유문학》 신인상에 〈산〉으로 당선하여

보아라 현대시조 새 아침 활짝 열고 나섰다네
한국시조시인협회 창립총회 중책을 맡아
가람, 노산 뒤를 잇는 새 일군 되었어라
마침내 내 나라의 시가 독립하여 우뚝 솟았네

육당상, 가람상, 시조대상 모두받고
《동방연가》《섭리곁에서》《시조창작법》 명저 낳아
창작과 이론을 넘어 새 세계를 펼쳤구나

크신 뜻 이루려고 경희대 한의학과 나와
원광대 교수로 인술도 널리 익혀
오롯이 시조 살리기에 힘을 얻게 되었어라

세계전통시인협회 인류와 하나되고
전민족 시조 생활화 운동 한 마당 펼치며
더하여 한국아동시조시인협회 온천지를 이뤘네

《시조생활》 창간하여 서른다섯 해 지은 농사

새 시인들 뽑혀 나와 문학 한국 일으키고
그 업적 뒤를 이어서 천년 만년 가리라

뵈온지 예순해 넘게 주신 사랑 너무 커서
아뢸 바 끝이 없어 울음만 삼킵니다
따르는 별같은 제자들 어이 손을 놓습니까

이 땅에 높은 스승 많이 모셨으나
시천 선생 시조 사랑 견줄 이가 없었어라
천국의 넓은 터전에도 새 꽃밭 지으소서

지금 계계는 한글에 눈 뜨고 시조에 귀 기울입닏
인류와 함께 부르는 시조만세 들으시며
못다 편 명편의 시조들 오래오래 가꾸소서

                                  이천이십사년 2월 열 나흘
                                        후학 근배 곡만

이 나라 천추千秋의 역사歷史여!
겨레 혼불의 묵향墨香이여!

—— 추사 김정희 선생 동상 과지초당瓜地草堂에 모시는 글

이 나라 천년의 가을이
새 하늘 새 빛으로 갈아입는
축복의 날입니다
북한산과 관악도 단풍으로 치장하고
한강물 더불어
이 겨레 만세의 스승
추사 김정희 선생 오시는 길
마중하고 있습니다.
이제 정녕 오십니까?
여기 선생이 이룩하신
저 미증의 태학과
세계 예술사에 올연히 한 획을 그으신
문자예술의 극치!
녕화와 유배의 굴설을 님어서
비로소 초인류의 경지에 이르신
그 추사체 완성의 산실인
여기 경기도 과천시 주암동 옥류봉 기슭에
자리 잡은 과지초당!
칠십일과 병중작

마지막 갈필을 들어 혼신의 힘으로
휘호하신 판전 두 글자를
저기 봉은사 판전각에 올리신 뒤
몽당붓 천 자루 내려놓으시고
서세逝世하신지 어언 일백쉰여덟 해
오늘에사 오시어
가르치신 문제門弟들과
우러르는 후학들에게
글자를 새기는 법, 붓을 잡는 법
세상을 바르게 사는 법을
다시 익혀주시옵니까!
두 해 전에는 『추사박물관』을 열어
하늘을 깨치고 땅을 가르는
선생의 유작들과 한 생애의 사적을
영원히 기리고
학습하게 되었습니다.
대정의 적소에서
시·서·화의 완벽한 조형을
탄생시키신 「세한도」는

그 시대와 사람에 대한
서릿발 같은 교훈이 해를 거듭할수록
만인의 가슴에 종소리로 울리고 있습니다.
젊어서 쓴 글을 두 번이나 불에 태웠다
少日著述者焚之再 하셨습니까?
오직 붓과 먹으로만 쓰신
선생의 행예行隸는 불멸불후
동서양 어느 천재들도 흉내 낼 수 없는
신의 경지입니다.
이제 오래 묵혀두신 별서別墅
과지초당에 돌아오시니
봉은사 판전각이 대붕으로 날아오르고
옥녀봉 바위며 나무며 꽃과 새들이며
어린 짐승들까지 엎드려 절을 올립니다.
손을 잡아주소서,
이 나라의 붓과 먹, 벼루와 서책들이
내미는 손 잡아주시고
길이 남을
새 가을의 역사를 휘호해 주소서.

빛이여 새천년을 깨우는 종소리여

—— 이어령 선생 제1회 「광화문 문화예술상」 수상에 부치는 글

빛의 나라입니다
이 나라 역사의 큰 집 조선왕조를 지을 때
해와 달을 받들어 모시라고
너른 안마당에 빛의 솟을대문
광화문을 세웠습니다.
이어령 선생님
선생님께서는 스무 해 전
새 천년의 새아침을 맞이하는
여기 광화문 빛의 마당 빛의 대 축제에
제사장이셨지요.
그 나라의 부강, 겨레의 복락
문화의 융성을 기원하던 마음을 모아
「광화문문화포럼」의 닻을 올린지
오늘은 스무 해를 맞는 잔칫날입니다.
그 새 천년을 기려
이 눈부신 오늘의 문화한국을 축복하며
이 시대 문화예술을 드높여 오신
큰 스승 이어령 선생께

처음으로 제정한 「광화문문화예술상」을
헌정하는 시간입니다.
그렇습니다.
선생님은 일랑화백의 수탉그림에
－새벽보다 먼저 오는 빛의 목소리－
라고 싯귀를 쓰셨듯이
여든일곱 해 전인 항일기에
닭띠로 태어나시어
지난 한 세기의 어둠을 뚫고
빛으로 솟아나와
이 땅의 문학과 예술을 사상과 지성을
일깨워 오셨습니다.
아직도 다 풀지 못하는 난수표 같은
이상李箱의 작품들을
서울대 재학 중에 명석하게 풀이하셨고
1956년 소설 「사반나의 풍경」을 「문학」 창간호에 발표,
그 해 한국일보에 「우상의 파괴」로
당시 한국문단을 가두고 있던

두꺼운 껍질 깨뜨리는 경종을 울렸습니다.
1966년 소설 「분지」로 남정현 작가가
반공법 혐의로 구속되었을 때
모두 나서기를 꺼리는 가운데
법정에 서서 갈파하신 웅변은
잠든 이 땅의 문학 양심에 불을 댕겼습니다.
두 해 뒤에는 김수영 시인과 참여논쟁,
문학지 창간을 허용하지 않던 시대에
월간 「문학사상」을 창간하여
새로운 창작에 목마른
독자들에게는 배부른 양식이었고
발표지면을 얻지 못하던 시인 작가들에게는
드넓은 논과 밭을 마련해 주었습니다.
아, 어찌 선생님이 쌓으신 높은 산
열어 오신 깊은 강을 이루 다 적겠습니까.
시인으로 소설가로 평론가로 문화비평가로
교수로 언론인으로 문화행정가로
지난 한 시대 선생님의 생각과 글, 창조와 개척의
손길이 닿지 않는 곳 있었던가요.

사람들이 타이프라이터를 칠 때는 컴퓨터를 썼고
아날로그일 때는 디지털을 썼고 디지털이오면
스마트로 거기서 다시 AI으로 늘 한걸음씩
앞서오셨습니다.
"하나의 나뭇잎이 흔들릴 때"
"흙속에 저 바람 속에"
서울의 종이 값을 올려놓았고
서점들은 새로운 저서를 진열하기에 바빴습니다.
지금까지는 시작에 불과하다고요.
네, 저희들은 선생님께서
소나무처럼 학처럼 오래오래 사시면서
우리 후대들에게 물려줄
문화자산, 지식재산들을 더 높이
쌓아놓으실 것을 확신하고 있습니다.
시대를 넘어 만대의 스승이신
이어령 선생님
더 큰 빛을 내려주소서,
더 멀리 종소리를 울려주소서.
감사합니다.

시여, 우주의 왕이신 나랏말씀이여

―― '월간시' 통권 100호를 기리며

시의 나라입니다
시인이 왕인 나라입니다
할머니, 할아버지의 먼 할머니 할아버지 적부터
딸, 아들이 훗날 훗날의 딸, 아들까지
씨 뿌리고 거두며 물레질하고 방아 찧으면서
하늘 아래 가장 높은 자리에서부터
만백성들의 낮고 낮은 살림살이까지
시詩로 아침을 맞고 시로 저녁 잠에 드는
우리 겨레는 시의 농사꾼들입니다.

시始는 우주의 첫걸음이며 영원입니다
시時는 바로 오늘이며 오제이며 내일입니다
시是는 옳은 것, 곧 사람 사는 이치이며 진리입니다
시試는 물음이며 대답이며 다함 없는 배움입니다
시侍는 하늘과 땅을, 조상을, 스승을, 이웃을 모시는 일입니다
시市는 지구이고 내 나라이고 고향이고 집입니다
시施 베푸는 일입니다 나를 헐어서
세상을 이롭게 하고, 나누는 일입니다

시翅는 날개입니다. 멍에를 벗고
훨훨 자유롭게 나는 일입니다
시柴는 땔감입니다. 불꽃이 되어 어둠을
밝히고 세상을 따뜻하게 덥히는 일입니다
시匙는 숟가락입니다. 밥과 국을 배불리 먹는 일입니다
시矢는 화살입니다. 악을 물리치고
선을 지키는 붓이요 칼입니다

시詩에는 이보다 더 많은 뜻이 들어 있습니다
더욱이 우리 어머니 나라의 말뜻은
온 우주를 덮는 이불이요 우리의 한글은
전 인류를 먹여 살릴 수 있는 곡식입니다.

'월간시'가 통권 100호를 맞았습니다
앞에 내세운 시, 시, 시, 시……들이 모두 달려나와
내가 하느님이고 왕이고 백성이고 주인이라고
북 치고 장구 치고 노래하고 춤추고 법석입니다
시의 나라에 새로운 시의 왕국이 솟아오르는 날입니다

시여, 이 땅의 왕이신 시인들이여,
이 만화방창의 5월, 여왕의 계절에
열어야겠습니다
높이 높이 축배를 들고 1천호 1만호를 향하여
진군합시다
시인이여, 우주의 왕이시여!

(2022.5 월간시 100호 기념호)

우리는 책으로 우주를 만든다
— 대한출판문화협회 예순돌에 붙여

하늘 위에 하늘이 있다
산밖에 산이 있다
바다 속에 바다가 있다
사람이 만드는 하늘
사람이 쌓아가는 산
사람이 앉히는 바다
이 높고 넓고 무한한 우주
우리는 책으로 역사를 일으켜 왔다

지구촌에 많고 많은 나라
많고 많은 겨레가운데서
으뜸의 말을 가진 나라
으뜸의 글을 가진 겨레로
우리는 가장 먼저 깨어났고
얼과 글과 말을 앞장 세워
가장 먼저 책의 문화를 열어왔다

남보다 앞서 금속활자를 구워내고

천년이 지나도 썩지 않는 종이를 만들고
인류역사에 가장 오래 남는 책을 찍어냈으니
어느 뉘가 우리 앞에 책을 내세우겠으며
말자랑 글자랑을 늘어놓겠느냐

나라 잃고 말과 글을 빼앗길 때
우리는 책으로 땅을 지켰고
책으로 총과 칼을 물리쳤으며
책으로 어둠속의 불을 밝혔고
책으로 아픔과 슬픔을 이겨냈고
책으로 사랑하고 책으로 힘을 키워
끝내는 나라와 겨레를 일으켜 세웠다

한 술의 밥보다는
한 줄이 글을 읽어야 배가 부르고
낫과 호미를 쥐던 손에
붓을 쥐면 날 새는 는 줄 모르던
책으로 농사 짓고 책으로 자식 기르는
책의 아들딸들이 있어

전쟁이거나 혁명이거나
어떤 역경 속에서도
책 만드는 일은 한시도 멈출 수 없었다

올해 예순돌을 맞는
대한출판문화협회
어찌 겨우 환갑의 나이로만 셈할 수 있으랴
누천년 비바람 이겨내며
땅속깊이 뻗어온 뿌리가 있으리니
오늘은 책 잔치가 금빛으로 타오르는구나

우리 손잡고 날아오르자
우리가 나아갈 새로운 100년
아니 더 먼 지손만대까지 뻗어갈
지구촌에 더 높은 책의 산을 짓자
책의 하늘을 만들자
백두, 한라 손잡고 두둥실
책의 통일, 책의 해를 띄우자

소백산 왕소나무
―― 금성출판사 운평 김낙준 회장

백두대간 동해에 등뼈를 세워
소백산맥 일으키고
그 자락에 부용봉 솟아
푸르고 곧은 왕소나무 길렀어라

경북 예천군 하리면 우곡리
산 어질고 물 맑은 은풍골
전통과 문화의 숨결 어린 고장
그 산과 물 정기를 타고
운평은 첫 울음을 터뜨렸어라

겨레의 얼·말·글 다 짓밟히고
보릿고개 허리띠 졸라매던 일제강점기
세 살때 아버지를 여읜 두메산골 소년은
보통학교를 마친 열 네 살 때
큰 뜻을 품고 대구로 나갔어라

책이 있는 곳에 길이 있어라

공부에 대한 배고픔과
더 넓은 세계에 대한 꿈을 안고
나라 안에서 손꼽히는 대구 문화도서에서
지식의 곳간을 마름하며
오늘의 금성출판사의 초석을 닦았어라

저 60년대 메마른 출판문화의 텃밭에서
오직 열정과 의지, 지혜와 경륜을 밑천으로
한 걸음 더 빨리, 앞서가는 기획, 경영으로
출판신화를 이룩했어라

역사, 과학, 예술, 전기 각종 사전
교과서, 학습자료……
자라나는 영재들의 책방이 되고
책 읽는 국민들의 사랑을 받으며
금성과 더불어 운평의 나무는
푸르게 솟아올랐어라

고향을 옛 천을 찾아
어린 날 홍수에 떠내려갔던
은풍골 앞개울에 다리를 놓고
민족시인 윤동주 기념관을 용정에 세우며
고려청자, 조선백자, 글씨, 그림……
찬란한 문화유산의 큰 수장가로
참으로 아름다운 삶을 가꾸었어라

출판으로 생긴 이익을 사회에 돌려주고자
금성문화재단을 설립하여
창작동화 대상을 제정하고
전국 어린이 글짓기대회
온 국민 독서 경진 대회 등을 주관하며
책 읽는 나라 만들기에도 힘을 쏟았어라

태백산 그늘 낙동강 칠백리라 했던가
대한출판문화협회 회장, 출판진흥재단 이사장
'책의 해' 조직위원장 등으로

한국 출판계의 중흥을 이끌어 내었으니
평생을 책과 함께 문예중흥도 함께
늘 푸른 왕소나무 운평은
금속활자의 나라, 빛나는 문화를
자라나는 꿈의 영재들에게 심어
길이길이 키워나가리라.

별이 열리는 나무

―― 이병하 이사장 태촌학원 설립 20주년을 기리며

이 나라의 산들이 모두 새 옷을 갈아입고
바다가 푸른 가슴으로 너울지는 오월입니다
먼 천년 서역문화 교류의 항구 고도이며
도덕과 학문을 숭상하던 선비의 고장
산천 아름답고 땅 기름진 당진을
세계로 뻗어가는 교육도시로 떠받치는
별나무 한 그루 자라고 있었습니다.

빼앗긴 나라 되찾았으나
남과 북이 갈리고
한 겨레 둘로 나뉜 전쟁으로
너나없이 허리띠를 졸라매던
가난과 역경 속에서도
오직 배움의 큰 꿈 가슴 속에 품고
비바람 눈보라 헤치며
푸르게 솟아오른 빛나무가 있었습니다
한 손에 책을 들고
또 한손에는 삽과 괭이 들고

밤을 낮으로 낮을 밤으로
안으로 지식을 쌓으며
밖으로 더불어 잘사는 내일을 가꾸며
태촌 이병하 박사는
"나라의 운명은 젊은이들의 교육에 있다"는
아리스토텔레스의 정신 실천에
온 몸을 던지기로 하였습니다.

마침내 그날이 왔습니다
젊음과 열정과 피와 땀을 바쳐
알뜰살뜰 모은 깨끗한 재물로
나를 낳고 기른 은혜의 땅에
새 시대가 요구하는
새 교육 새 학문 새 대학을 세우자
서울과 한 시간대로 맞닿은
수도권 친환경 교육도시를 건설하자
백년대계를 이어갈 자리를 잡고
지구촌에 빛나는 크고 큰 샛별이 되자

新星大學校의 초석이 놓였습니다.

1995년 5월 20일 학교가 문을 열자
학문과 산업이 하나 되고
지식과 기술이 서로 융합하는
건학이념과 교과과정은 적중하여
서울, 경기, 충청을 비롯
전국의 영재들이 모여들었습니다
그리고 하루 한 달 한 해가 다르게
신성 상아탑의 위용은 높아갔습니다.

이것은 신화였습니다
일찍이 이 나라 대학 발전사에 없던
눈부신 성장과 발전을 이룬 것은
설립자 이병하 박사의
독창적 신념과 의지, 그리고
헌신적 노력과 희생의 결과였습니다
세계의 명문대학들과 교류협력을 맺고

현대제철, 동서발전 등과 산학협약을 하며
교육평가기관 언론사들의 엄정한 평가에도
맨 윗자리에 올랐습니다.

이사장, 총장, 명예총장으로
학교와 학생과 교수와 교직원과
한 몸이 되어
교육부로부터 세계수준의 대학-wcc으로
선정에 이어
대학 특성화사업에 선발되는 등
가장 존경받는 교육자로 추천되어
대한민국 정부로부터 국민훈장모란장을
수호하셨습니다
성공한 경영인으로
밝은 사회 국제클럽 총재로
한국전문대학 법인협의회 회장으로
충남발전위원장으로
한 시대 큰 스승의 공적을 세우셨습니다.

태촌 이병하 이사장님!
그러나 지금부터입니다
아직도 우주공간의 더 많은 별들이
이 땅에 초롱초롱 빛나는 별들이
큰 마을 태촌의 품안을 기다리고 있습니다
앞으로 10년 100년
신성대학교가 지구촌의 별로
높이 높이 떠오를 것입니다
'더 푸르고 더 멀리 하늘을 뚫는
별이 열리는 나무가 되소서
이 나라 미래를 밝히는 등대가 되소서.

하늘 높이 날자 채운벌의 학들이여!

—— 당진 정보 고등학교 개교 60주년에 붙여

하늘이 더 크고 밝은 해를 띄우는구나
바다가 넓고 푸른 가슴으로 달려오는구나
먼 서역을 오가는 뱃길을 열어
이 나라의 금빛 찬란한 문화 꽃피웠던
문명과 풍요의 고장 당진의 넓은 벌에 우뚝 선
자랑스런 우리의 모교 당진 정보고등학교
예순해를 맞는 빛나는 아침이구나

나라를 잃고 말과 글을 빼앗겼던
어둠의 세월을 지나 광복을 맞았을 때
배움에 굶주린 이 고장의 아들들
6년제 고급 중학 개교 소식에
구름같이 몰려들었으리
산 높고 물 맑아 큰 선비들 터를 닦고
글 읽는 소리 밤을 밝히던
그날이 다시 돌아왔어라

어머니는 꼭두새벽에 밥지어 주시고

아버지는 들에 나가 곡식을 가꾸시며
"어서 학교 가거라
큰 사람되어 잘 사는 나라 만들거라"
말없이 등을 밀어주셨네
비바람 눈보라 뿌리치고
몇 십리길 내달려 교문에 들어서면
높은 스승님들의 가르침이 기다리고 있었네

스승님들은 지식 뿐 아니라
사람답게 사는 법을 가르치시고
장차 나라에 쓰일 재목으로 키우셨네
6.25전쟁이 일어나자 다투어
전선으로 나가 싸우고
나라의 간성이 되어 큰 별로 떠올랐네
정치에서 경제에서 문화에서 교육에서
사회 각계에서 당진 정보의 동문들은
하나같이 으뜸의 일군으로 이름을 떨쳤네

이제 환갑의 해를 넘어
새 출발을 다짐하는
우리의 모교 당진정보고등학교
세계로 뻗어가는 뱃길과 함께
숨 가쁜 출범의 항해를 하는구나
하늘의 해도 더 밝게 뜨고
서해바다도 활짝 열리나니
오! 채운벌의 늠름한 학들이여!
지구촌 하늘 높이 날아오르자
힘찬 날개짓으로 새 역사를 쓰자

더 높이 솟아라, 배움의 전당이여

— 당진중학교 개교 60주년에 붙여

눈부신 새날이어라
해 뜨는 나라의 가장 크고 밝은 해가
왜목 바다 황금빛 물들이며 떠오르고
꽃구름 피어오르는 기름진 들녘
두루미 떼 날아들어 둥지 트는 곳
여기 채운벌 넓은 터에 드높이 세운
당진중학교 개교 예순 해를 맞는
축복의 새아침이어라.

먼 삼국 서역 문물 뱃길 열어 오가고
천년 문화 찬란히 꽃을 피우던
동북아시아 물류의 항구도시
신라의 큰 스승 원효, 의상 등불 밝히고
조선의 대 석학 송익필, 박지원 가르침 받아
마을마다 글 읽는 소리 넘치던 고장
마침내 나라 되찾아 첫 중등학교 세우니
새 나라 큰 일꾼의 꿈을 펼치려
어린 영재들 다투어 모여들었어라.

학덕 높은 스승님들 모셔와
빼앗겼던 나랏말씀 나라글자 익히고
신학문 갈고 닦아 큰 나무 되었어라
북한군 침략으로 나라 위태로울 때
전장에 나가서 자유 지키고
정치, 경제, 교육, 문화 역군이 되어
건국에서 번영까지 이름 널리 빛냈어라.

오늘 서해 중심 도시로 우뚝 서는 새 당진
큰 항구 날개 펴고 세계로 뻗어가고
선진 강국 일으키는 산업공단 들어서니
더불어 더 높아가는 우리의 모교 당진중학교여
이 나라의 큰 빛이 되리라
온 누리에 그 이름 영원하리라.

영원하라! 온 누리에 빛나는 우리의 배움터여!

— 송산초등학교 개교 90주년에 바치는 노래

새아침이어라
백두대간이 굽이쳐 흘러
여기 서해바닷가에 봉화산을 세우고
기름진 논과 밭, 곡식과 과일도 다디단
보금자리 펼친 두메산골 송산
저 먼 삼국시대 서역 문물 실어 나르던 아름다운 학문의 고장
천자문, 사서삼경을 읽던 서당의 학동들
아흔 해전 새 배움터 송산공립보통학교에 모여들었어라
빼앗긴 나라 되찾고
사슬에 묶인 우리말 우리 글 살리려
"아는 것이 힘이다 배워야 산다"
우리들의 할아버지 할머니, 아버지 어머니들은
가갸거겨……이이(2×2)는 4, 이삼(2×3)은 6
몽당연필 깎으며 소리 높여 외웠어라
하늘 높아지는 운동회 날
올림픽 스타디움보다도 월드컵경기장보다도
더 드넓은 학교 앞마당은
만국기로 뒤덮여 펄럭이고

청군 이겨라, 백군 이겨라
어머니와 아들, 아버지와 딸이
손잡고 달리던 우리고을 가장 신명나던
손꼽아 기다리던 잔칫날이었어라.
광복 다음 해 첫 한글동이로 입학한 나는
국민학교 5학년 반장 때
전해권 호랑이 선생을 바꿔달라고
학급반 남학생들을 복도에 줄 세워 놓고
이상범 교장 선생님께 편지를 올렸었지
송산국민학교는 개교40주년을 맞아
26회 졸업생 애송이 시인이 된 내게
자랑스럽게도 교가 작사를 의뢰했지
 ─ 황해의 바다 물결 희망에 차고
봉화산 솟은 줄기 푸른 이 고장
지금도 후배들이 부르는 그 노래에
나는 가슴이 뛰고 눈시울이 붉어라
오늘은 우리들을 낳고 기르고
참 공부를 가득 채워준

거룩하고 우뚝한 우리들의 모교
송산초등학교 개교 90주년을 맞는 날
큰 스승님들의 가르침 받고
교실에서 운동장에서
배우고 뛰놀던 동문들이
나라를 바로 세우고 일으키고 가꾸면서
정치, 경제, 교육, 문화, 사회에서
널리 빛낸 이름들을 다시 새기고
스승들의 높은 은혜 우러르고 있어라
교가의 후렴처럼
—영원히 뻗어나갈 우리 배움터
온 누리에 빛나는 우리 송산교
하늘과 땅이 갈라지게 합창을 하자
서로 서로 얼싸안고 목 놓아 부르자
송산초등학교 만세
만세, 만만세.

해설

근원적 사랑의 기억을 담은 모국어의 고고학
이근배의 시세계

유성호
(문학평론가, 한양대학교 국문과 교수)

1. 선연하게 다가오는 유장과 함축의 언어

　이근배李根培 시인의 아호 '사천沙泉'은 '오아시스'라는 뜻을 품고 있다. 공초空超 선생이 지어주었다는 이 독특한 이명異名은, 우리가 이근배 시의 본령을 이해하는 데 매우 암시적인 지남이 되어준다. 그만큼 사천이라는 형상은, 불모의 역사에서 솟구쳐오르는 모국어의 형상과 비유적 상동성을 띠고 있다. 아닌 게 아니라 이근배 시인의 넓은 국량과 큰 스케일은 우리가 겪은 불모의 역사를 성찰하고 거기서 맑고 힘찬 샘을 솟아오르게 하는 원류가 되고 있지 않은가. 자연스럽게 그 샘에는 유장과 함축의 언어가 존재하고 세계를 바라보는 미시와 거시가 통합되어 있다. 그렇게 이근배의 시는 유장한 언어의 육체에 모국어의 함축적 결을 얹어 완성한 세계이다. 이번에 펴내는 시집 『아버지의 훈장』(시인생각, 2025)에는 이러한 유장과 함축의 언어가 선연하게 살아 있다 할 것이다.

그동안 이근배 시인은 사물과 내면을 유추적으로 토로하는 서정시의 균질적 보법步法을 지속적으로 보여주었다. 근원적이고 원형적인 삶의 보편성을 일관되게 추구하면서 존재의 근원과 원형에 대한 사유를 집약해가는 에너지를 다양하게 들려주었다. 이러한 지속성은 이근배 시 창작의 제일의적 수원水源이고, 그는 경험적 구체성을 기록하면서 그것을 기억과 사랑의 보편성으로 확장해가는 시편들을 써왔다. 아니 조금 더 힘주어 말한다면 이근배 시학 전체가 사물과 사람에 대한 기억과 사랑의 존재론을 담아온 역정이었다고 해도 지나치지 않을 것이다. 그 점에서 이근배 시학의 저류底流에 흐르는 기억과 사랑은 대상에 대한 사실적 재현의 결과가 아니라 시인의 마음이 움직여가는 흐름에 따라 재구성된 결과일 터이다. 이제 그 유장과 함축의 언어 안으로 천천히 들어가 보도록 하자.

2. 존재론적 기원 탐색과 정신적 고처高處에 대한 의지

이근배는 자신의 경험적 구체성을 기억하면서 이제 그러한 시간을 되돌릴 수 없다는 그리움에 감싸인 전형적인 서정시인이다. 우리는 이번 시집에서 시인 자신의 지난날을 담고 있는 시편들을 가장 깊은 실감으로 읽게 된다. 그 기억을 따라가보는 일은 이근배 시의 발생론을 만나는 것이기도 하겠지만, 가장 아름답고 서정적인 원초적 언어와 접속하는 것이기도 하다. 이근배 시인은 개인의 자전적 서사가 내장된 시편들을 통해 자신의 정서적 원형을 고스란히 보여주는데, 특별히 그동안 이근배 시에서 존재론적 기원起源인 아버지는 언제나 희미한 부재로 남아 계셨다. 서쪽 하늘에 지는 저녁노을처럼, 일제강점기와 분단 시대를 통과하면서 아픈 가족사로 남은 분이었다. 시인은 '사상가'였던 아버지에 대해 자랑과 연민과 원망怨望을 동시에 품고 살아왔다. 그런데 이번 시집에서 아버지는 '훈장'이라는 빛나는 순간과 함께 살아 나오고 계시다. 생의 그늘이었던 시간들이 자랑스러운 존재의 기원으로 재생되고 있는 것이다.

나 태어난 지 여든 해 되어
아버지 이선준李銑濬에게 주는 훈장을 받았다.
―대한민국의 자주독립과 국가건립에
이바지한 공로가 크므로
『건국훈장 애족장』을 외아들인 내게 주었다
세상에! 이런 날이 찾아오다니
하늘, 땅, 바다……, 나라 안의 나라 밖의
우주의 우주보다 더 큰 것들의
비는 손늘이 나를 내 온몸을 껴안는다.
이제 나는 내가 아니다
(…)
단 한 번도 새끼들 앞에서
지아비 얘기를 꺼내지 않은
어머니의 한 생애는 헤일 수 없는

숯덩이가 되었는데
이리 아주 늦게 큰 훈장을 받고
독립운동가로 높이 나라에서 받드는 것
새까맣게 모르시고 그 세월을
태우고 또 태우며 살으셨는지요
독립지사의 후손이 된 아들딸 손자들에게
다시 그들의 딸 아들들에게
아버지의 훈장은 해보다 더 밝은 해이고
하늘보다 더 높은 하늘이 되겠지요
용서하세요. 용서하세요. 용서하세요
저는 이제 제가 아니고
한 생애 나라에 살과 뼈 영혼의
영혼까지 다 쏟아부어 수훈하신
훈장을 우러러 눈물 쏟고 있는
작디작은 청맹과니입니다.
── 「아버지의 훈장勳章」 중에서

이번 시집 표제작인 이 시편은 대한민국의 독립과 건국에 기여한 공로로 뒤늦게 훈장을 받으신 아버지의 생애를 톺아 올리는 작품이다. 시인은 자신도 늦은 나이에 "아버지 이선준李銑濬"의 이름으로 '건국훈장 애족장'을 받았다. 늘 가족들에게 사상가라는 희미한 존재로만 계셨던 아버지가 훈장을 받으시는 날이 찾아오리라고 예감하지 못했던 시인은 "하늘, 땅, 바다⋯⋯"는 물론 "나라 안의 나라 밖의/우주의 우주보다 더 큰 것들의/비는 손들"이 자신의 온몸을 껴안는 것을 느낀다. 세상의 주변부를 어둑하게 떠돌던 아버지가 대한민국 독립지사로서 환하게 찾아오셨으니 시인은 "이제 나는 내가 아니다"라고 말할 수 있었을 것이다. 아버지는 "항일기 조선 유림의 총수였던 거상에게서/나라 찾기의 뜨거운 혼"을 배우셨고 스무 살에 독립운동의 첫발을 내딛으면서 민족정신 기르기에 뛰어드셨다. 지아비 얘기를 한 번도 안 꺼내고 평생 숯덩이가 되어 사신 어머니도 훗날 아버지가 "독립운동가로 높이 나라에서 받드는" 분이 되실 줄은 짐작조차 못하셨으리라. 이제 아버지는 해보다 밝고 하늘보다 높게 "한 생애 나라에 살과 뼈 영혼의/영혼까지 다 쏟아부어 수훈하신/훈장"으로 우러름을 받으실 것이다. '아버지의 훈장'을 통해 아버지를 가슴으로 받아들이는 명편이 아닐 수 없다. 이처럼 이 시편은 "필설로는 다할 수 없는 핍박과 고통을 무수히 겪어야 했던/파르티잔에게 벼락처럼 찾아온 해방의 날"(「그날 1945년 8월 15일 아버지는」)을 대한민국이 수납해준 획기적 순간을 증언하고 있다. 가없이 융융하고 중중하게 다가오는 순간이 아닐 수 없다.

칠성에서 낸 외동아들
명이 짧겠다는 만신의 말에
어머니는 쌀을 피디 주셨다
그 공양미 덕분인가
어느덧 여든 고개에 이르니
남은 시간이 많지, 많지 않다

동리東里는 붓을 놓으시기 바로 전

-여행을 떠나기에도 사랑을 하기에도
책을 읽기에도 시간이 아깝다-고
시〈세월〉을 내게 주셨는데
아까워서 다 쓰지 못한 시간
지금은 펑펑 쓰고 계실까

없는 돈에 사들인 책들
종이 상자에 넣어 쌓아놓고
발품 팔아 모은 벼룻돌들
먹 때도 씻지 못했는데
내가 내게 하마던 것들
알지 못하게 저질러놓은
허물이며 치러야 할 몸값들은
또 어떻게 벗고 갚는다지

많지, 많지 않다
꽃 보고 달 보고
강가나 숲길 어슬렁거리며
말도 되지 않는 말
글자로 적어내는 일도
이제 나를 떠났는데
-어디 사랑할 시간을?
어림도 없다

—「많지, 많지 않다 – 사랑할 시간이 많지 않다/정현종」 전문

이 작품에도 시인이 겪은 구체적 시간의 편린들이 나온다. "칠성에서 낸 외동아들"을 위해 공양미를 바치신 어머니 덕분인지 모르겠지만 시인은 어느덧 여든 고개에 이르렀다. 그러니 자연의 순리로 보면 남은 시간이 많지 않을 것이다. 언젠가 시인의 스승인 동리東里 선생은 시인에게 건넨 시편에서 "여행을 떠나기에도 사랑을 하기에도/책을 읽기에도 시간이 아깝다"라고 쓰셨다. 이제 되돌아보니 시인은 "없는 돈에 사들인 책들"을 쌓아놓고 "발품 팔아 모은 벼룻돌들"은 먹 때도 씻지 못하고 가지고 있지 않은가. 그렇게 "알지 못하게 저질러놓은/허물이며 치러야 할 몸값들"이 남아 있다. 이 모든 것을 어떻게 벗고 갚을까를 생각하면서 "말도 되지 않는 말/글자로 적어내는 일"도 떠났으니 이제 시간이 많지 않다고 시인은 고백한다. 그 순간 시인은 정현종의 「사랑할 시간이 많지 않다」를 불러오면서 "어디 사랑할 시간을?/어림도 없다"라는 유머를 수반한다. 그렇게 이 시편은 "칠성에서 낸 외동아들"이 한국 시단의 거장으로 다져온 시간을 반추하고 있는 작품이다. 언젠가 "공초는 쓸모 있는 사람 되라 사천沙泉으로 부르고/동리는 착한 일 하라고 지선之善을 써주고/무산은 글공부 더하라고 학림鶴林"(「고려청자거북이도장」)이라고 했다는데, 시인은 이 스승들의 당부와 암시를 따라 사천으로 지선으로 학림으로 살아온 것이다. 시인은 "스스로 붇고 재씩실하면서 눈을 씻고 붓을 고쳐 잡아보겠다는 생각"(「시인의 말」, 『사람들이 새가 되고 싶은 까닭을 안다』, 문학세계사, 2004)으로 시를 써왔다고 한 바 있는데, 이러한 시간의 흐름 속에서 스스로 붓을 고쳐 잡아온 '시인 이근배'의 궤적이 새삼 아득하게 다가온다.

이처럼 이번 시집은 존재론적 기원 탐색과 정신적 고처高處에 대한 의지를 보여준 결실로서, 이근배 시의 뿌리가 아버지에 대한 기억과 정신적 성숙에 대한 가열한 의지에 연루되고 있음을 알려준다. 오래도록 부재하셨지만 이제 독립지사로서 훈장을 받으신 아버지를 다시 만난 기억, 많이 남아 있지 않은 시간 동안 자신이 해야 할 일에 대한 성찰이 간절하게 다가오고 있지 않은가. 그러한 기억들을 유장과 함축의 언어로 결속해간 인이야말로 "만선滿船의 기폭 펄럭이며/돌아와 닻을 내린/모국어"(「동주童舟 생각」)를 우리에게 선사한 뜻 깊은 문학사적 실례가 아닐까 한다.

3. 도타운 말과 기억이 만들어내는 사랑의 시학

다음으로 우리가 살필 이근배 시의 중심 원리는 사랑의 마음에 있다. 시인은 구체적 실감을 통해 자신이 사랑하는 존재자들의 다양한 컨텍스트를 구성해가는 미학적 장인匠人으로서 돌올하다. 바깥세상의 원심과 내면의 구심을 긴장력 있게 결속해내는 과정을 통해 사랑의 본질에 참여하는 것이다. 물론 그러한 과정은 낭만적 애착과 그것을 떠받치는 헌신의 마음을 동시에 고백하는 일에서 이루어진다. 아닌 게 아니라 레비나스E. Levinas의 전언처럼, 이근배 시인은 타자와의 관계 속에 형성되어가는 자신을 노래한다. 그리고 타자를 마주한 상황에서 자신의 현존이 비로소 실현되어간다는 사실을 증언한다. 이처럼 그의 시는 자신이 사랑하는 사물이나 사람과의 관계 속에서 만들어지는 관계론적 언어로 구축되어간다. 이러한 견고한 정신과 함께 이근배 시에는 자유자재로 모국어를 다루는 그의 예술적 의식이

선명하게 드러나고 있다. 그의 시가 구축해낸 사랑의 시학에 한번 다가가 보자.

> 길가에 흐드러지게 피는
> 개망초와 쑥부쟁이처럼
> 참 지천이던 말
> "사랑한다"
> 2014년 4월 16일 자 조간신문을 읽다가
> 그만 울컥!
> 바다에 가라앉는 세월호에 갇힌 아들이
> "엄마 내가 말을 못할까 봐
> 미리 보내 놓는다" 뒤에 붙인 네 글자
> 이럴 때 한 번 이렇게 쓰는 말이구나
> 일찍이 어느 대문장도 가보지 못한
> 목숨의 막다른 길목에서 찍어낸 한 마디
> 아무 때나 아무렇게나 써서는 안 되는 그 말
> "사랑한다"
> 끝내 돌아오지 않는 아들딸들에게는
> 꼭 들려주고 싶은
> ──「사랑한다」 전문

아직도 우리 기억 속에 비극적 기억으로 충일한 '세월호 사건'을 소환하면서 시인은 그 안에서 인간 보편의 사랑을 형상화한다. 2014년 4월 16일 일어난 이 비극 앞에서 시인은 '사랑한다'라는 말의 중심에 가닿고자 한다. 사랑한다는 말은 길가에 흐드러지게 핀 개망초나 쑥부쟁이처럼 '지천'의 말이기도 하지만 세월호에 갇힌 아들이 "엄마 내가 말을 못할까 봐/미리 보내 놓는다"라면서 뒤에 붙인 네 글자처럼, 지천으로는 설명할 수 없는 말이기도 하다. 어느 대문장도 가보지 못한 "목숨의 막다른 길목에서 찍어낸" 그 한 마디야말로 "아무렇게나 써서는 안 되는" 말인 것이다. 끝내 돌아오지 않는 아들딸들에게 들려주고 싶은 "사랑한다"는 말은 그렇게 우리를 존재케 해주는 마음이요 존재 형식일 것이다. 이렇게 시인은 "어느 비바람 눈보라에도 금이 가지 않은/푸른 영혼"(「푸른 영혼의 이름으로」)으로 사랑의 힘을 신뢰하고 노래하는 '사랑의 사제司祭'인 것이다.

　　―자유가 나를 구속하는구나

　　가파른 한 시대의 번뇌를
　　훌훌 벗고 무위이화無爲而化를
　　이루신 공초 선생의 임종게臨終偈다

　　그렇구나
　　비움空조차 넘어선超 그곳에서는
　　자유가 더 무거운 멍에였구나
　　――「자유론自由論」 전문

　　이번에는 시인이 가장 존경하고 사랑하는 공초 오상순 선생의 '자유'가 호출된다. 언젠가 선생은 "자유가 나를 구속하는구나"라는 말을 남겼다. 한 시대의 번뇌를 벗고 "무위이화無爲而化"의 경지를 이룬 선생의 임종게臨終偈였다. 시인은 공초라는 아호를 귀납하여 "비움空조차 넘어선超 그곳에서는/자유가 더 무거운 멍에"였음을 깨닫는다. 이처럼 공초 선생의 '자유론自由論'을 토대로 시인은 자유와 구속이 이미 한 몸임을 되새긴다. 공초-사천으로 이어지는 이러한 자유와 사랑의 시쓰기가 기억 속으로 들어온다. 그렇게 이근배 시인은 "노화백의 붓은 오케스트라의 지휘봉"(「바다는 새벽을 노래한다」)이라면서 전혁림 화백을 회상하고 "당신도 앓으셨기에 아셨을/무지무지한 환상을 버리지 않고/모두 시에 담아"(「환상」)낸 서정주 시인을 되살피면서 사랑과 자유의 경지를 은은하게 배워간다. 이 모든 것이 사람에 대한 경모敬慕가 바탕이 되고 있음은 췌언의 여지도 없으리라.

결국 이근배 시인은 사랑하는 대상에 대한 그리움을 생성하고 확산해가면서 시쓰기에 임하는 사랑의 사도이다. 그러나 그것은 단순한 그리움에 멈추는 것이 아니라 한 차원 높은 사랑의 원리로 도약해간다. 그것은 시인이 그리움의 힘을 성숙한 시선으로 바꾸어가면서 특유의 확장성을 만들어가기 때문이다. 시인은 절실한 대상代償의 에너지를 분출하기도 하지만 자신만의 미학을 구현해가는 원동력으로도 사랑의 미학을 활용해간다. 그 안에는 오랜 경험 가운데 가장 깊은 기억의 층이 새겨져 있고 그 바탕에서 시인은 회상과 예감의 능력을 보여주는 데로 나아간다. 일종의 부재와 존재의 변증법이라고 부를 만한 사랑의 역리逆理에 기대어 시인은 사랑의 기억을 수락하고 받아들이는 과정을 섬세하게 들려준 것이다. 그래서 모든 관계가 소멸해갈 것 같은 예감에도 불구하고 시인은 대상을 향한 지극한 사랑의 마음을 발화하는 것이다. 도타운 말과 기억이 만들어내는 사랑의 시학

이 아름다운 울림으로 남는다.

4. 오랜 시간의 지층을 탐사하는 언어의 고고학

그런가 하면 이번 시집은 시인 스스로의 구체적 경험을 반영하면서 역사적 유물 혹은 예술 작품들에 대한 정서적 몰입을 수행하는 온기의 시편을 여럿 싣고 있다. 그 점에서 이번 시집의 속성을, 오랜 시간의 지층을 탐사하는 언어의 고고학이라고 불러도 좋을 것이다. 시인은 자신의 시를 감싸고 있는 오랜 시간을 향해 귀를 세우고 그들이 요청하는 근원적 차원을 경청해간다. 사물들의 소소한 움직임에 조응하면서 그 심미적 문양文樣을 어루만지는 품과 격을 각별하게 보여준다. 나아가 시인은 사물들의 근원적 소리를 탐침함으로써 그 안에서 흘려보냈던 그들 고유의 목소리를 절실하게 복원한다. 그 과정은 원체험과 현재형을 매개하는 심미적 기억의 성취라고 말할 수 있을 것이다.

> 먼 길을 달려왔어라
> 처음 구름이었다가 비였다가
> 바람이었다가 흙이었다가
> 한 마리 물고기로 빚어져
> 무쇠도 녹이는 불가마 속에서
> 나는 백옥의 몸으로 다시 태어났어라
> 너른 바다의 물너울을 헤치고

강물을 박차고 솟구쳐 올라
나 이제 하늘로 날아오르는
거친 숨결을 몰아쉬고 있네
용의 우렁찬 울음을 터뜨리고 있네
내 입으로 받아낸 하늘이 주신 물
몸 안에 가득 채웠으니
온 나라의 큰선비들
장생문 일월연에
먹을 갈고 갈아
장원급제의 꿈을 이루리니
이 나의 비상도 함께하리라
나 하늘로 오르리라
　　　──「백자음각청화 잉어연적」 전문

'백자음각청화 잉어연적'은 처음에는 구름이었고 비였고 바람이었고 흙이었다. 이렇듯 자연 사물의 총화인 '지수화풍地水火風'의 존재가 먼 길 달려와 결국 "한 마리 물고기"로 빚어진 것이다. 불가마 속에서 "백옥의 몸"으로 다시 태어난 그 연적硯滴은 잉어처럼 바다의 물너울을 헤치고 강물을 박차고 이제 하늘로 날아오른다. 하늘이 주신 물을 가득 채워 선비들로 하여금 "장생문 일월연에/먹을 갈고 갈아/장원급제의 꿈"을 이루게 한다. 시인은 '연적'이라는 고고학적 대상을 통해 사물들이 호혜적으로 영향을 끼쳐온 시간에 대한 애착을 표현한다. 이러한 사물에는 "필시 하늘 손을 빌렸을"(「조선백자잉어연적 소고」) 시간이 녹아 있고 "영원불변 뇌문雷紋으로/온누리를 끝 간데 없이 감아올리고"(「크고 둥근 빛」) 있는 순간이 환하게 새겨져 있을 것이다. 일찍이 시인은 "나를 낳아준 흙과 물과 내가 살아온 시대가 흘리고 간 말을 주워 담은"(「시인의 말」, 『대백두에 바친다』, 시인생각, 2019) 것이 자신의 시라고 고백하였는데, 이러한 작품군群이 바로 그러한 적공積功의 결실들일 것이다.

아득하구나.
하늘빛으로도 바다 빛으로도
다 담아내지 못할
고려청자 사발 하나
어디 천상에서 노래가 흐르는가.
휘휘 감아 도는 수양버들개지
흥겨움 춤사위에
짝을 부르는 오리 한 마리
물살에 깃을 씻고 있구나.
해도 달도 차마 기웃거리지 못할
어느 분이시온지
이 신비의 그릇을 구워내어
천년을 넘어 세상이 끝날 때까지도
세상의 맑은 아침을 주시는 이
이름은 뉘시며
어느 할아버지의 자손으로
어느 신령스러운 스승의 가르침으로
빛을 빚어내는 솜씨를 이어받으셨는지

한 말씀만 듣고 싶어라.

── 「세상의 맑은 아침」 전문

　세상의 맑은 아침을 선사하는 장인의 솜씨가 여기서도 빛을 은은하게 발한다. 그 주인공은 "하늘빛으로도 바다 빛으로도/다 담아내지 못할/고려청자 사발 하나"이다. 아득하기 이를 데 없는 천상의 노래처럼 수양버들개지가 춤을 추고 오리 한 마리가 물살에 깃을 씻고 있다. 이 신비의 그릇을 구워 천년을 넘어 세상이 끝날 때까지 세상의 맑은 아침을 건네준 장인은 과연 누구일까. 어느 신령스러운 스승의 가르침으로 빛을 빚어내는 솜씨를 이어받았을까. 시인은 그의 한 말씀을 청해 듣고 싶다고 함으로써 자신의 '시쓰기'에서도 빛을 빚어내는 순간을 열망하고 있다. 비록 "한강 물을 굽어보면서도/뒤에 남길 시 한 줄도 못 쓰고"(「문득 미라보다리 생각」) 있다고 겸손하게 말하였지만 시인은 "나 아닌 나를 속속들이 파보고"(「문 없는 집」) 나서 "비바람 눈서리도 비껴가는/신들의 제단"(「반구대 암각화 앞에서」)이까지 이르려는 예술적 의지를 스스럼없이 선보이고 있다.
　이렇듯 이근배 시인은 유물, 인물 등을 대상으로 삼아 지금은 사라져 간 것들의 기품과 위의威儀를 정성껏 노래한다. 물론 그동안에도 그는 유장한 언어의 육체에 모국어의 함축석 결을 엮어 자신만의 심미적 언어들을 줄곧 보여준 바 있다. 그 과정에서 그들의 가계家系에 깃들인 기억들을 어김없이 찾아내 부재와 현존의 변증법을 구현해간다. 이번 시집에서도 그는 자신의 기원을 상상하는 작업을 옛 성현들에게까지 원심적으로 확장해가고 더불어 그들의 삶과 예술에서 시인으로서의 자신을 성찰하고 나아가 서정의 궁극을 상상해간다. 그렇게 커다란 스케일과 촘촘한 밀도로 쓰인 이번 시집에서 사라져버린 아름다움을 온고지신의 정신으로 되살리고 있는 것이다. 오랜 시간의 지층을 탐사하는 언어의 고고학이 거기에서 빛을 발하고 있다.

5. 근원적 형상과 전언을 담은 정형 미학

이근배 시인은 이러한 일관된 미학적 품과 격을 '시조時調'를 통해서도 아름답게 보여준다. 그가 생각하기에 우리 민족의 자랑거리인 시조는 모국어가 깃들일 수 있는 더없는 '존재의 집'이다. 이러한 모국어에 대한 가열한 사랑이 그로 하여금 시조에 대한 남다른 조예와 열정을 가지도록 했을 것이다. 아닌 게 아니라 그는 '시=시조'를 한 몸으로 생각하는 우리 시단의 둘도 없는 명장이다. 일찍이 박재삼 같은 선례가 있기는 했지만 오래도록 두 양식 간의 균질적 성취를 이룬 이는 이근배 외에 다른 사례가 없다. 그 점에서 우리는 이번 시집에서도 그가 쓴 시조를 반갑게 만나게 된다. 또한 그는 한국시인협회와 한국시조시인협회의 회장을 두루 역임한 유일 시인이기도 하다. 다양한 근대적 변형을 치르면서 오늘날까지 양식적 동일성을 이어온 시조의 파수꾼으로서도 단연 우뚝한 존재가 이근배 시인인 셈이다. 고시조의 구투를 벗어나 '다른 목소리the other voice'를 통한 전언 방식과 소재의 다양화를 통해 시조는 우리 시대의 결핍 요소들을 채워가는 역진逆進의 형식을 취해간다. 이근배의 시조도 이러한 역진의 방식을 구현함으로써 근원적 형상과 전언을 담은 정형 미학을 아름답게 들려준다.

꽃 피면 나는 접동이
뒤 숲에서 피를 쏟고

눈 오면 풋사슴 되어
눈밭에 몸 사르다

꽃 지고 눈도 그치니
허물 벗어 빈 가지에 떠네

달 뜨면 밤을 도와
달 빛느라 허기지고

별 지면 오나 오나
뜨는 얼굴 좇아가다

웬 세월 모두 벗어버리고
길 밖에 나 서 있네
───「꽃 지고 눈 그치니」 전문

    꽃이 피면 숲에서 피를 쏟는 '접동이'가 되고 눈이 오면 눈밭에 몸을 사르는 '풋사슴'이 되는 존재도 꽃이 지고 눈이 그치면 "허물 벗어 빈 가지"에 떨고 있을 뿐이다. 시인은 달이 뜨면 밤을 도와 달을 빛느라 허기를 느끼고 별이 지면 누군가를 기다리며 좇아가다 세월 다

벗어버리고 길 밖에 서 있을 뿐이다. 이처럼 꽃이 피고 지고, 눈이 내리고 그치고, 달이 뜨고 별이 지는 자연 운행 질서에 따라 허물도 세월도 천천히 저물어간다. 그 허물을 따라 "나 돌아가리라/나를 낳아준 별자리로"(「시간여행」)라는 노래도 가능해지고 그 세월을 따라 "마침내 황홀에 싸여 붓을"(「그릴 수 없는 사랑의 빛깔까지도」) 들었던 시간도 "섬 아닌 섬"(「나, 갈라파고스」)을 밝혀줄 것이다. "꽃이 피면 꽃이 고와 생각나고/달이 뜨면 달이 밝아 그리운"(「천년의 향기」) 시인의 성정性情이 선명하게 묻어나지 않는가.

이름 따로 있던가요
어머니는 모두 어머니지요

사랑뿐이셨어요
주기만 하고 받지는 않는

세상의 어머니들은 모두
그냥 어머니,
어머니지요

나는 손이 둘인데
어머니는 백 손이지요.

비는 손 다 보태면
천도 만도 되지요

세상의

어머니 손은 모두

하늘이고 땅이시지요.

──「세상의 어머니들은 모두」 전문

무릇 어머니의 이름은 따로 없다. 어머니는 모두 어머니일 뿐이고 사랑일 뿐이다. "주기만 하고 받지는 않는//세상의 어머니들" 말이다. 어머니는 백의 손을 가지셨고 "비는 손"까지 감안하면 천도 만도 되는 손을 가지신 분이다. 그렇게 "세상의/어머니 손은 모두/하늘이고 땅"이다. 또한 어머니 마음은 "희고 깨끗한 마음 담아/우주의 그릇"(「우주의 그릇」)을 짓는 마음이요 "아득한 이야기"(「탄생설화」) 속에서 탄생하는 "온 천지를 밝혀드는/염화미소拈花微笑"(「동자헌화가童子獻花歌」)이기도 하다. 어쨌든 어머니는 유일하게 지상에서 신성이 깃들이는 거소居所일 것이다. 시인이 늘 "우주보다 더 너른 어머니의 나랏말씀"(「시인의 말 - 모국어에 바치는 글」,『살다가 보면』, 시인생각, 2013)을 사유하고 확장해가는 소이所以가 여기에 있을 것이다.

이처럼 이근배 시인은 고전古典과 창신創新을 결합하여 가장 본원적인 정서적 지향을 담은 시조를 써간다. 그 안에 유장과 함축의 미가 힘차게 결속하면서, 그의 일관된 '모국어의 연금술'은 아름답고 고독한 빛을 발하고 있다. 묵향이 번져오듯 그만의 음성이 곳곳에 배어 있음을 우리는 느끼게 된다. 특별히 이번 시집에서 그 목소리는 절제와 벼림을 통한 온축의 언어로 현상하고 있고, 그 안에는 역사 속 성현과 예인들의 흔적을 통해 공동체적 기억을 구축하려는 의지가 있다. 보편적 성정에 바탕을 둔 근원적 가치에 대한 옹호도 담겨 있다. 그만큼

이번 시집은 거시적 시선과 개인적 감각을 균형 있게 풀어놓으면서 정형의 전통이 끊임없이 생산성을 가지는 실천적 범주라는 것을 보여주고 있다 할 것이다.

6. 사물의 속살을 낱낱 순간으로 보여준 문학적 성취

지금까지 우리가 읽어왔듯이, 이근배 시인은 천의무봉天衣無縫의 언어를 통해 고유한 시세계를 60년 이상 일구어온 한국 시단의 유일무이한 거장이다. 한편으로는 역사 속 성현과 예인들의 흔적을 통해 공동체적 기억을 구축하고, 다른 한편으로는 자기 기원에 대한 진솔한 탐색을 통해 기억의 깊이에 닿으려는 의지를 빼곡하게 담아왔다. 결국 시인은 자신이 가닿고자 하는 정신적 경지에 대한 의지를 담으면서 우리의 현재형을 가능케 한 원형으로서의 역사에 대해 사유한다. 그 점에서 역사라는 시간은 그에게 상상력의 원천이자 보고寶庫이며 양식 선택을 규율하는 미학적 전제로 다가왔던 것이다. 시인은 사물과 사람의 존재론을 궁구하면서 외적 관찰과 내적 침잠의 과정을 동시적으로 생성해간다. 이번 시집은 그러한 기율에 의해 탄생한 역작들로 구성되어 있다.

결국 이근배 시인은 사물의 항구성과 순간성을 통합적으로 형상화하면서 '언어를 넘어서는 언어예술'을 통해 사물의 미세한 존재 양상을 근원적 언어로 채록해간다. 언어가 숨을 멈추고 사물이 육체를 얻어 발화하는 순간을 새겨간 시인은 이렇게 사물의 모습은 드러내고 자신의 마음은 은근하게 내보이는 작법을 취하여 본질에 직핍直逼해가는 목표를 성취해간다. 근원적 시선으로 사물의 속살을 낱낱 순간으로 보여준 문학적 성취에 크나큰 경의를 드린다. 최근 시인은 『이근배 육성회고록』(스타북스, 2024)을 펴냈는데, 수많은 동료 선후배 문인들의 일화가 알차게 들어 있는 이근배 기억의 정수精髓일 것이다. 거기서 시인은 "인류의 심금을 울릴 수 있는 위대한 시를 쓰고 싶다"라고 고백하였다. 이번 시집에 실린 여러 시편이 이미 우리의 심금을 울리면서 오아시스 같은 언어의 떨림으로 다가오고 있다. 이번 시집의 출간을 축하드리면서, 사천 시학의 오롯한 후속 사례들이 거듭 우리 시단을 울려가기를 마음 깊이 희원해마지 않는다.